JN366443

"위트와 언어만을 가지고, 다시 말해 기발한 용어나 구절, 혹은 문장을 가지고 감탄과 탄복을 자아낼 수 있는 게 데이브 베리라는 사람이다. 그 탄복은 언제나 웃음과 함께 온다. 그리고 베리는 당신 집이 흔들릴 정도로 당신을 박장대소하게 만들 사람이다…… 이 책을 읽으면서 나는 너무 심하게 웃다보니 애초에 나를 웃게 만든 그 문장에서 넘어가지 못할 때가 자주 있었다. 나는 여기서 킬킬거리고 웃는 정도를 이야기하는 게 아니다. 내가 말하는 건 숨 넘어갈 듯이 웃는 웃음, 방바닥이나 책상을 두드리면서 웃지 않고는 도저히 직성이 풀리지 않는 웃음, 그러다 종내에는 눈물이 나고 아랫배가 땅기기까지 하는 웃음이다. 사실 이 책에서 책값을 상쇄하고도 남을 통쾌함과 유쾌함을 지니고 있지 않은 페이지는 없다." —마이애미 헤럴드

"데이브 베리의 유머가 그토록 널리 읽히고 사랑받는 이유는 그것이 문제의 본질을 확실히 담고 있기 때문이다. 얼핏 보면 경박해보이는 베리의 글들 밑에는 남자, 집단으로서 남자, 혼자 있는 남자, 여자와 함께 있는 남자 등등에 대한 칼 같은 이해가 감추어져 있다…… 베리를 인용하는 건 땅콩을 먹는 것, 아니 그가 더 좋아하는 맥주를 마시는 것과 비슷하다. 일단 당신이 시작하고 나면, 중간에 그만두기가 거의 불가능하다는 점에서 말이다." —워싱턴 포스트

"데이브 베리는 대만이 있는 지구 이쪽 편에서도 가장 능력 있는 풍자가로 손꼽히는 사람이다." —피플

"먼저 당신이 직접 이 책을 읽어라. 그런 다음 그것을 당신 주위 사람들에게 읽혀라. 그리고 함께 즐겨라. 텔레비전 광고에 나오는 한 녀석이 그랬듯이 '내가 보증한다.'" —툴사 월드

"데이브 베리를 읽는 목적은 그의 애완견과 아들, 그리고 그를 흠모하는 독자들이 신문에서 오려내어 보내준 기사들과 일화들 따위를 음미하는 데 있다…… 이 온갖 소소한 사건과 잡동사니 모음과 타인의 일상들이 더 큰 그림 속에서 빛을 발하도록 만드는 베리의 재능에 탄복하면서……" —엔터테인먼트 위클리

"인간 체험의 날카로운 관찰자들이 있고, 외관상 의미 없어 보이는 인류의 시간적 자취를 좇는 연대사가들도 있고, 그리고 데이브 베리가 있다…… 데이브는 이 책 〈데이브 베리의 사내 대탐험〉을 가지고 지도적인 사내들의 위신이라는 허울을 일거에 벌거벗기고 말았다." —버밍햄 뉴스

“당신은 이 책의 두 페이지를 채 읽지 않고도 이 책이 당신에게 보기 드문 멋진 시간을 가져다주리란 걸 깨달을 것이다…… 데이브 베리를 유능한 유머작가로 만드는 것은 그의 관찰력과 평범하고 일상적인 것들이 얼마나 불합리하고 어리석은 것인지를 보여주는 그의 능력이다. 게다가 그에게는 성역이란 게 전혀 없다.” —성 페테스부르그 타임즈

“데이브 베리는 아줌마 운동에 버금가는 사내 운동의 창시자로 칭송될 만하다.” —뉴스데이

“‘리모컨을 발명한 사람 아무에게나’ 라는 적절한 헌사를 가지고 데이브 베리는 1쪽에 들어서기도 전에 이미 그의 새로운 유머책을 출발시키고 있다.” —산 안토니오 익스프레스 뉴스

“페이지마다 평균 서너 번씩은 기어코 사람을 웃기고 마는 책…… 데이브 베리는 정말 끝내주게 웃기는 인간이다.” —샌프란시스코 익재마이어

DAVE BARRY' S COMPLETE GUIDE TO GUYS

A Ballantine Book

Published by The Ballantine Publishing Group

Copyright © 1995 by Dave Barry

All rights reserved.

Korean Translation Copyright © 2003 by ARUMDRI MEDIA

This translation is published by arrangement with Random House Trade Publishing, a division of Random House, Inc. through Imprima Korea Agency

이 책의 한국어판 저작권은 Imprima Korea Agency를 통해 Random House Trade Publishing, a division of Random House, Inc.와의 독점 계약으로 '아름드리미디어' 에 있습니다.

저작권법에 의해 한국 내에서 보호를 받는 저작물이므로 무단전재와 무단복제를 금합니다.

사내 대탐험

GUY

옮긴이 조경숙_1958년 부산에서 태어나 서울대 역사교육과를 졸업하고 영어와 일어를 우리말로 옮기는 일을 했습니다. 그동안 옮긴 책으로는 〈아기 테스트〉, 〈일본 경제사〉, 〈소설 사회학을 위하여〉, 〈곰돌이 푸우는 아무도 못말려〉, 〈내 영혼이 따뜻했던 날들〉, 〈신과 나눈 이야기 1 · 2 · 3〉, 〈신과 나누는 우정〉, 〈신과 나눈 교감〉, 〈우리는 신이다〉, 〈10대여, 세상을 바꿔라〉, 〈오피스 요가〉 등이 있습니다.

사내 대탐험

지은이 / 데이브 베리

옮긴이 / 조경숙

펴낸이 / 조경숙

1판 1쇄 / 2003년 3월 25일

펴낸 곳 / 아름드리미디어

주소 / 서울시 마포구 연남동 369-20 공명빌딩 2층

전화 (02)3141-0221 / 팩스 (02)322-6014

출판등록 1998년 7월 6일 제10-1612호

ISBN 89-88404-46-5 (03840)

• 이 책의 저작권은 아름드리미디어에 있습니다.

• 파본은 교환해 드립니다.

DAVE BARRY'S COMPLETE GUIDE TO GUYS

사내 대탐험

GUY

데이브 베리 지음 | 조경숙 옮김

아름드리미디어

리모컨을 발명한 사람 아무에게나 이 책을 바친다.

(이 사람 이름을 찾아봐야 하지만, 미안하다,
나는 지금 앉아 있는 소파에서 일어나기가 싫다.)

차례

들어가는 말

사내 대 남자

 이 책은 남자man에 관한 책이 아니라 사내guy에 관한 책이다. 남자에 대해 이야기하는 책들은 이미 발에 밟힐 만큼 많이 나와 있다. 나같이 독창적인 유머작가는 그런 고리타분한 주제는 건드리지 않는 법이다. 게다가 남자를 이야기하는 책들은 대부분 너무 심각하다(이 역시 나 같은 유머작가들을 감히 범접 못 하게 하는 주요 요인이다).

사실 남성성(性)이니 남자다움은 말할 것도 없고, 남자란 용어 자체가 심각한 용어다. 이런 용어들은 남자가 되는 것이 무슨 중요한 업적이나 되는 듯이 여기게 만든다. 하지만 남자가 된다는 게 뭔가? 자그마하고 그다지 믿을 만하지도 않는 일련의 신체기관들을 소유하는 것에 불과하지 않는가?

그런데도 남자들은 남자라는 것에 대단한 의미를 갖다 붙이는 경향이 있어서, 그 결과 전형적으로 남자다운 특질이라고 할 만한 것들을 만들어냈다. 폭력범죄와 전쟁, 침 뱉기, 아이스하키처럼 불운한 결과를 낳을 수 있는 행동양태들 말이다. 이런 것들 덕분에 남자들은 악명을 얻었다.[1]

게다가 '남성운동'은 남자다움의 좀더 긍정적인 측면들을 제시할 예정이었음에도 불구하고 제비족과 중성족들만 북적거리는 듯이 보이고 말이다.

어쨌든 내가 말하려는 건 남자를 보는 또 다른 방법이 있을 수 있다는 것이다. 공격적이고 마초macho(근육질의 폭력적 남

1_특히나 "개 같은 놈"이란 악명을.

성우월주의-옮긴이)적인 지배자로서도 아니고, 걸핏하면 포옹하려고 달려드는 섬세한 드럼주자로서도 아닌, 사내로서.

그렇다면 여기서 말하는 '사내'란 게 정확히 무슨 의미일까? 나도 모르겠다. 나도 그것에 대해 별반 생각해보지 않았다. 사실 사내다움의 주요 특징 중 하나가 우리 사내들은 자신의 속내를 헤아리는 데 별반 신경을 쓰지 않는다는 것이다. 나로서는 사내들이 과연 속내란 걸 갖기나 하는지도 심히 의심스럽다. 당신이 〈디트로이트 타이거즈〉 팀에 대한 충성심이나 신부집에 함 가져가는 것에 대한 두려움까지 그런 속내로 쳐주지 않는다면 말이다.

그런 고로 내가 사내란 게 뭔지 정확하게 규정하지 못하는 건 내 능력의 한계 때문이 아니다. 하지만 걱정마시라. 그래도 겉으로 드러나는 사내의 특징들이라면 내가 얼마든지 설명해줄 자신이 있으니까 말이다.

사내는 쌈빡한 기자재를 좋아한다

내가 말하는 '쌈빡한 기자재'란 '쓸데없이 복잡한 기계'란 뜻이다. 예를 하나 들어주겠다. 지금 이 순간 나는 극도로 성능 좋은 컴퓨터로 이 문장들을 타이핑하고 있다. 이건 내가 소유한 열 대 가량 되는 컴퓨터 군단 중 가장 최근에 구입한 것이다. 어느 컴퓨터나 앞서의 것보다 성능이 좋다. 그중에서도 지금 내가 쓰고 있는 이 컴퓨터는 램과 롬, 바이트와 메가헤르츠, 그리고 컴퓨터가 데이터 처리 장치를 구동시킬 수 있도록 해주는 여타 다양한 부품들로 거의 빈틈없이 메워져 있다. 이 컴퓨터라면 미 공군 조직 전체를 관리하면서 동시에 오하이오 주 주민 전체의 소득신고도 처리할 수 있을 게다. 그런데 나는 이걸 주로 신문 컬럼을 쓰는 데 사용한다. 이건 의자에 앉아 한 10분 정도 화면을 뚫어지게 쳐다보다가 양 검지손가락만을 써서—일명 독수리 타법으로— 다음과 같은 글자들을 천천히 타이핑하는 행동을 말한다.

헨리 키신저는 대형 사마귀처럼 보인다.

이것을 다시 10분쯤 노려보고 있다보면 영감이 얻어진다. 그러면 나는 애초의 발상을 다음과 같이 더 키운다.

헨리 키신저는 살찐 대형 사마귀처럼 보인다.

나는 다시 10분 동안 '털북숭이'라는 개념을 가지고 작업을 할까말까를 생각하면서 그것을 노려보고 앉아 있는다.

이것은 내 성능 좋은 컴퓨터로서는 멍청할 정도로 단순한 작업이어서, 컴퓨터는 지겨워 죽으려고 하면서, 조바심을 치듯이 윙윙거리길 그치지 않는다. 그래도 자판을 두들기는 사이사이 우주 통일장 이론을 발전시키고, 셰익스피어 전집을 랩으로 번역하는[2] 따위의 고난도 두뇌 활동으로 시간을 때울 수 있는

2_예컨대 "살 것인가 죽을 것인가"를 랩으로 옮기면, "쇼가 끝나면 난 자살할지 몰라"가 된다.

게 컴퓨터로서는 다행이라면 다행이랄까.

달리 말하면, 이 컴퓨터는 내 작업에 쓰기엔 말도 안 될 만큼 성능이 좋다. 그런데도 나는 얼마 안가 이보다 더 성능 좋은 컴퓨터를 구입할 것이다. 이건 내기를 걸어도 좋다. 나도 나 자신을 제어할 수가 없다. 나 역시 사내이기 때문이다.

타고난 사내들이 쌈빡한 기자재에 얼마나 눈이 머는가를 보여주는 최고의 사례는 아마 우주 왕복선일 것이다. 아, 물론 이 프로그램에 관여하는 사내들은 그 프로그램이 절대 예산낭비가 아니라고 역설한다. 거기에는 인간의 몸이 우주에서 어떤 식으로 작용하는지를 알아보려는 중요한 과학적 목적이 있다는 것이다. 하지만 우리는 우주에서 인간의 몸이 어떤 식으로 작용하는지쯤은 이미 알고 있다. 그 사람들은 공중을 둥둥 떠다니면서 "기분 짱입니다, 휴스턴 본부!" 따위의 통신을 보낸다.

천만에, 우주 왕복선이 존재하는 진짜 이유는 그것이 터무니없이 어마어마하고, 장관을 이룰 만큼 복잡다단한 온갖 기계장치들로 꽉 들어찬 하드웨어의 한 품목이라는 데 있다. 사실 사내들은 영원히 그것을 만지작거리며 놀 수 있고, 간혹 가다 그것을 작동시킬 수도 있다. 또 그것은 다른 복잡한 기계장치들을 궤도에 올려놓는 데도 사용할 수 있는데, 그러고 나면 그 기계장치들이 거의 곧바로 궤도에서 이탈하는 관계로, 우주 왕복선을 다시 보낼 좋은 구실을 제공하기도 한다. 한마디로 그건 사내들의 천국이다.

기자재를 가지려는 사내들의 욕구가 빚어낸 또 다른 성과물들이 미국의 전략방위 구상인 스타워즈와 레크리에이션용 보트 산업과 모노레일, 핵무기, 달의 기울기를 나타내는 손목시계 등이다. 나는 이런 기자재를 발전시키거나 사용하는 데 여자들이 관여하지 않았다는 이야기를 하는 게 아니다. 내 말은 사내들이 없었다면, 이런 기자재들은 세상에 존재하지도 않았으리란 거다. 여자들이 없었다면 세상의 모든 가구들이 처음 자리잡았던 그 자리에 여전히 놓여 있었을 것처럼.

사내들에게는 기본적으로 가구를 재배치하려는 욕구가 없다. 반면에 컴퓨터라면 53년 동안 바꾸지 않아도 변함없이 기쁜 마음으로 사용할 수 있는 여자라도, 가구라면 한 주에 한 번씩 배치를 바꾸지 않으면 직성이 풀리지 않는다. 그것도 때로는 깜깜한 한밤중에. 침대에서 곤히 자고 있던 그녀가 갑자기 새벽 2시에 화들짝 잠에서 깨어난다. '저 청록색 소파는 벽에 붙여서 놓지 말고 벽에 직각으로 놔야 해. 그래, 그건 지금 당장 그 자리로 가야 해'라는 다급한 생각이 그녀를 깨운 것이다. 그래서 그녀는 일어나 소파를 옮긴다. 하지만 그러려면 당연히 다른 가구들도 옮길 수밖에 없어서, 결국 그녀는 거실 전체를 재배치하는 셈이 되고 만다. 보통 때라면 장정 서너 명은 달려들어야 할 크고 무거운 가구들까지 움직여가면서. 아마도 가구를 재배치하려는 여자보다 더 힘센 존재를 자연 속에서 찾기는 그리 쉽지 않을 것이다. 아침이 되어 잠에서 깨어난 그 집의 사내는 번번이 밤을 꼴딱 새운 자기 아내의 수고 덕분에 이제 전혀 다른 집에서 살게 되었다는 걸 알게 된다.

(여기서 내가 성별(性別) 일반화를 하고 있다는 건 알지만, 우리가 성별로 일반화하는 걸 신이 원하지 않았다면, 그녀가 우리에게 성의 차이도 주지 않았으리란 게 내 생각이다.)

사내들은 정말로 의미 없는 도전을 좋아한다

얼마 전에 내가 〈마이애미 헤럴드〉의 일요판 신문인 〈트로픽〉지의 내 집무실에 앉아서 내 팬이 보낸 편지를[3] 읽고 있을 때였다. 복도에서 사내 동료들 몇 명이서 자신들이 40야드(약 36.6미터—옮긴이)를 몇 초에 주파할 수 있었는지를 놓고 왁자지껄 떠드는 소리가 들렸다. 모두 신문사에서 일하는 3, 40대 사내들인 그들에게 필요한 최고의 신체활동이라고 해봤자, 자판기 음식을 소화해내는 정도면 충분하다. 다시 말해 이 사내들은 40야드 달리기를 하거나 할 필요가 전혀 없는 것이다.

하지만 그들 중 한 명인 마이크 윌슨이 40야드를 4.38초에 주파하는 스타급 고등학교 풋볼 선수에 대한 기사를 쓰고 있던 중이었다. 그런데 마이크가, 예를 들어 스타급 고등학생 시인에 대한 기사를 적고 있었더라면 내 동료 사내들 중 누구도 불현듯 자신은 시를 얼마나 잘 쓸 수 있는지 알아보기로 작정하거나 하지 않았을 게다. 하지만 마이크의 기사를 돌려 읽고 난 그들은

3_전형적인 팬레터: "당신 머리를 누가 깎아주죠? 비버인가요?"

자신들은 40야드를 얼마나 빨리 달릴 수 있을지 몹시 궁금해했다. 그들이 워낙 궁금해하는 터라 잡지 편집기자인 톰 쉬로더는 스톱워치를 가지고 가까운 공원에 가서 확인해볼 수밖에 없겠다고 결론 내렸다. 그래서 그들은 그렇게 했다. 말하자면 한 떼거리의 사내들이 근무시간에 공원에서 맨발로 펄쩍거리고 뛰어다닌 것이다.

내가 바깥 복도에서 들려오는 그들의 이야기를 들은 건 이렇게 해서이다. 그런데 38살 먹은 톰이 그 단거리에서 자기 기록이 5.75초라고 하는 게 아닌가. 그래서 나는 속으로 '말도 안 돼!' 라고 소리쳤다. 다들 아저씨급인 중년 주제에, 저들이 저 유치하고 조잡한 달리기 시합에서 올렸다는 기록은 다 허풍이야. 마침내 나는 더 이상 참을 수가 없어졌다.

"이봐!" 내가 소리쳤다. "나도 5.75초에 주파할 수 있어."

그래서 우리는 예의 그 공원으로 가서 40야드 거리를 재었다. 그 사내들은 최고 기록을 세울 세 번의 기회를 주겠노라고 했다. 첫 번째 시도에서 내 기록은 5.78초였다. 톰보다 겨우 100분의 3초밖에 더 늦지 않은. 나이는 내가 톰보다 7살이나 더 많은 마흔 다섯이었는데 말이다. 그래서 나는 두 번째 시도에서 내가 진짜진짜 열심히 달린다면 그를 이길 수 있다는 걸 확실히 알았다. 딱 10미터 동안은 정말로 그렇게 했다. 그런데 그 지점에서, 비유하면 아직 '편지 읽기' 모드에서 '스프링' 모드로 바뀌지 못한 내 오금 근육이 그만 "퍽" 하고 다운되고 말았다.

나는 부축을 받으면서 신문사로 돌아와야 했다. 욱신거리는 통증을 느끼면서 나는 앞으로 몇 주 동안은 제대로 걷기도 힘들리란 걸 알았다. 이런 내게 다른 사내놈들은 깊은 측은지심을 보였는데, 특히나 톰은 일부러 시간을 내 우리집에 전화까지 걸었다. 그때 나는 타이레놀 23알을 삼켜 내 혈액 속에서 돌게 하고 다리 위에는 얼음주머니를 얹어놓고 앉아 있던 차여서, 팔다리만 가죽끈으로 안 묶었다 뿐이지 전혀 운신을 할 수가 없었다. 덕분에 그는 자신의 통화의도를 마음 놓고 표현할 수 있었다.

"당신은 결국 내 기록을 못 깼다는 사실만 잊지 마십시오."

의미 없는 도전에 달려드는 사내들의 예는 이외에도 무수히 많다. 사실 모든 스포츠만이 아니라 미국 대외정책의 상당 부분이 이 범주에 속한다. ("내 장담하지만, 당신들은 마누엘 모리에가를 체포할 수 없소!" "하, 그럴까요??")

사내들은 분명하면서 확고한 도덕률을 갖지 않는다

이건 사내들이 몹쓸 놈이라는 이야기가 아니다. 사내들이 몹쓸 짓을 할 수도 있지만, 이런 일은 주로 그들이 남자가 되려고 하면서 남성적이고 공격적이고 어리석어지기 시작할 때 일어난다. 그냥 평범한 사내로 남아 있는 한, 그들은 굳이 못되먹었다기보다 뭐가 뭔지 모르는 편이다. 이건 사내들이 인간의 기본 도덕률이란 걸 정말로 이해한 적이 한번도 없기 때문이다. 사실 이 기본 도덕률이란 걸 발명해낸 건 보나마나 여자들일 게다.

몇백만 년 전에 누가 가장 큰 트림소리를 낼 수 있는지 알아보는 따위의 활동들에 몰두하느라 남자들이 바깥에 나간 틈을 타서. 동굴로 돌아온 그들 앞에는 '선사시대 제1차 성(性)세계대전'을 일으키고 싶지 않다면 그들도 따르지 않을 수 없는 규율이란 게 세상에 태어나 있었다. 이건 지금의 사내들이 출장가거나 퇴근해서 돌아와보니 '자기 자식'이란 게 태어나 있어서, 집안 분란을 일으키고 싶지 않다면 발가락이 닮았다는 사실을 인정하지 않을 수 없을 때 사내들이 겪는 심정과 흡사하다. 그래서 그들은 그때 이후로 꾸준히 이 규율들을 따르려고 애를 써왔다. 비록 그 결과들이 극도로 들쑥날쑥하긴 했지만 말이다. 그건 사내들이 이 규율들을 전혀 자기 것으로 소화하지 못했기 때문이다.

사내들은 우리집 보조 예비견(犬)인 강아지 지피와 비슷하다. 이 수컷 개[4]는 (1) 부엌 쓰레기통에 들어가거나 (2) 마루에 똥을 눠서는 안 된다는 잔소리를 골백번도 더 들었다. 그놈도 이게 규율이란 걸 안다. 하지만 그 이유를 정말로 이해한 적은 한번도 없어서, 이따금 이런 식으로 생각하곤 한다. '당연히 보통 때라면 난 쓰레기통 속에 들어가서는 안 되지. 하지만 이

4_내게는 이어네스라는 암컷 개도 한 마리 있는데, 얘는 규칙을 어기는 일이 전혀 없다.

규율은 (1) 누군가가 이제 막 진짜로 맛있는 닭뼈다귀를 집어 던졌거나, (2) 나 혼자 집에 있는 것처럼 정상참작의 여지가 있는[5] 상황들에까지는 적용되지 않는 게 확실해.

이리하여 사람들이 집에 돌아와 보면, 부엌 마루는 여지 없는 쓰레기 천국 미국으로 변해 있고, 보통 때라면 미친 듯이 달려나왔을 지피는 가발과 선글라스로 변장한 채 집안 구석에 숨어 있다. 사람들한테 범죄현장을 들키기 전에 '미연방 나쁜 개 갱생 프로그램'에 들어가고 싶어하면서.

게다가 내가 잔소리를 퍼부어대면, 그놈은 어쩔 줄 몰라하면서 번번히 마루에다 똥을 싸고 만다.

도덕면에서 사내들 대부분이 지피와 흡사하다. 지피보다 키가 더 크고 대체로 털이 더 적다는 점만 빼고. 사내들도 도덕 규율이 뭔지 안다. 하지만 문제는 그들이 특정 시기들, 특히나 지금이라는 특정 순간들에 이 규율들을 따르는 데 애를 먹는다는 점이다. 이것은 자신의 배우자에게 충실해야 한다는 규율과 관련해서 특히나 그러하다. 아, 물론 나도 그들의 배우자에게 잡아먹혀 죽을 때까지 교미를 끝없이 이어가는 충실한 수컷들의 예도 헤아릴 수 없이 많다는 건 알고 있다. 하지만 그런 사마귀 공동체에 소속되지 않는 사내들의 배우자 충실도는 그렇게 끔찍하게 높지 않다.

5_내가 개 말을 좀 알아듣는 편인데, 지피가 가장 자주 쓰는 용어는 "한번만 봐주세요"이다.

그렇다고 사내들이 '개보다 못한 놈'이라는 건 아니다. 내 말은 자신의 조강지처에게 충실하다고 자신하는 남자들이라도 압도적인 유혹—'사실상의 모든 유혹'이 이 범주에 속한다—에 마주치면, 흔들리고 만다는 이야기다.

좋다, 그래 맞다. 어쩌면 내 말이 사내들은 '개같은 놈'이란 이야기일 수도 있다. 하지만 그들이 '개보다 못한 놈'은 아니다. 게다가 그들은 마루에다 똥을 싸는 일도 거의 없다. 지방 출장이라는 합법적인 명분으로 확실한 기회를 갖더라도 말이다.

사내들은 자신의 속내를 털어놓는 데 능숙하지 않다— 그들이 속내란 걸 좀이라도 갖는다고 하면

이것이야말로 여자들을 심히 좌절케 만드는 사내성의 한 측면이다. 한 사내가 신문을 읽고 있는 중에 전화벨이 울린다. 그가 전화를 받는다. 10분 동안 수화기를 든 채 듣고 있던 그가 마침내 전화를 끊고는 다시 신문을 읽는다. 결국 그의 아내가 묻는다. "누구였어?"

"필 원커맨의 엄마야."(필은 17년 동안 소식을 듣지 못했던 그들의 옛친구다.)

그러면 다시 아내가 묻는다. "그래서?"

"뭐가 그래서?" 사내가 반문한다.

아내가 다시 묻는다. "필의 엄마가 뭐라고 했냐고?"

"필이 잘 있대." 무례하고 싶진 않지만 자신은 신문을 읽는 중이며, 그것도 중요 연재만화 〈캘빈과 홉스〉를 한참 보는 중이란 걸 자신의 어조로 분명히 하면서 사내가 대답한다.

하지만 아내는 그런 어조 따위에 전혀 개의치 않는다. "그게 다야?"

그렇다, 그녀는 그만두지 않는다. 그녀는 남편이 나눈 통화 내역을 문장부호 수준에서 훤히 꿰뚫을 때까지 사내로 하여금 그 통화 전체를 복구하도록 강요하면서 지방 검사 스타일의 질문들을 끈질기게 이어간다. 그 통화 전체란 건 자기 아내가 대야물에 빠져죽는 사고를 당했을 때 자신은 간호사와 일을 저지르고 있었다는 것에 죄책감을 느끼고 약물중독에 빠져서 저지른 살인으로 언도받은 형기를 마치고 얼마 전에 출소한 필이, 이제는 완전히 마음을 잡아서 공중그네 곡예사로 괜찮은 직장도 얻었고, 얼마 전에 받은 성전환 수술의 외상도 거의 아물어가고 있으며, 최근에는 〈젊은오빠 모임〉의 탁월한 멤버 한 사람과 결혼하는 문제에 몰두해서 행복해하고 있다는 것이다. 요컨대 필은 잘 있다는 것인데, 이건 사내가 맨 처음에 자기 아내에게 했던 바로 그 말이다. 하지만 이걸로 충분할까? 천만에! 그녀는 시시콜콜 모든 걸 다 듣고 싶은 것이다.

아니면 오랫동안 만나지 못했다가 며칠을 함께 보내게 된 두 쌍의 부부가 있다고 해보자. 여자 둘은 몇날며칠에 걸쳐 이야기를 나누면서 그들의 인생과 그들이 아는 다른 사람들의 인생에서 그동안 일어난 온갖 중요사건들을 알려주고 분석하고 해부하고 비판하고 어쩌고 하면서 참으로 알차고 유익한 시간을 보낸다. 그렇게 서로의 깊은 속내를 함께 나누다보니 서로에 대해 더 깊이 이해하지 않을 수 없고 소중한 우정이 더 깊어지지 않을 수 없다. 반면에 그렇게 오래 떨어져 있다가 다시 만난 두 사내는 그동안 플레이오프 전을 보며 앉아 있는다.

이건 사내들은 자신의 감정을 함께 나누지 않는다는 이야기가 아니다. 때로는 그들도 무척 감정적이 된다.

"저거 파울 아냐??"라거나,

"저게 파울이 아니라고???" 하면서.

내게 진이라는 괜찮은 친구 한 명이 있다. 한번은 그의 인생에서 의학적으로 중요한 경과(암과 관련된)를 밟고 있던 때였는데, 나와 함께 주말을 보내게 됐다. 진과 나는 많은 대화를 나누면서 함께 있게 된 그 상황을 무척이나 즐겼다. 하지만—이건 사실인데— 그가 내게 해준 가장 비밀스런 이야기는 '아카노이드' 라는 비디오 게임에서 자신의 레벨이 24에 도달했다는 것이다. 그는 '악의 존재' 까지도 보았다고 했다. 하지만 그것이 어떻게 생겼는지는 내게 이야기해주려 하지 않았다. 우리가 아주 가까운 사이인 건 사실이지만, 그래도 한계가 있었던 것이다.

여러분은 내 친구와 내가 워낙 야만인이어서 그렇지, 다른 많은 사내들은 다를 거라고 생각할지도 모르겠다. 사실 그렇다, 다른 많은 사내들은 전혀 말을 사용하지 않는다. 그들은 낚시 미끼를 함께 쓰는 것같이 완전히 비언어적인 방식으로 대화한다.

* * *

자, 이제 내가 '사내성'이라고 하는 게 어떤 건지 보이기 시작하는가? 그러니까 기본적으로 내 이야기는 그건 남성적인 남성성보다는 덜 심각하고(혹은 덜 심각하거나) 덜 공격적이지만, 그래도 본질적으로는 여전히 대단히 남성적인 남자의 성정(性情) 부분이란 것이다. 그러니 세상의 더 많은 남자들이 그렇게 열심히 남성이 되려고 애쓰는 것을 그만두고 대신 사내가 되기로 마음먹는다면 세상은 훨씬 살기 좋아지리란[6] 게 내 생각이다. 더 많은 남자들이 자신과 남들의 성(性)에 대해 적절한 정체성을 유지했더라면 피할 수 있었을 역사적 사건들을 한번 생각해보라. (예를 들어 우리는 "이봐요, 당신이 자그마하고 그다지 믿을 만하지도 않는 일련의 신체기관들을 소유하고 있다는 것만으로 폴란드를 침공할 이유는 전혀 없소"라고 히틀러를 설득할 수도 있었다.) 그리고 남자들이 살아가면서 도대체 뭘 생각할까를 놓고 끊임없이 안달복달하는 대신, 그 정확한 대답은 거의 아무 생각이 없다임을 확실히 알면서 느긋해할 수 있다면 여자들은 또 얼마나 행복해지겠는가?

그렇다, 우리에게—남자와 여자 양쪽 다에게— 필요한 것은 사내성을 더 많이 이해하는 것이다. 내가 이 책을 쓴 것도 이런 가상한 이유에서이니, 나는 역사적 측면과 사회적 측면, 심리적 측면과 성심리적 측면, 그리고 사내들은 어째서 그렇게 자주 침

6_그 정도는 이 책의 판매량에 의해 결정된다.

을 뱉는가라는 측면까지 포함하여 사내성의 모든 주요 측면들을 시시콜콜 탐구해볼 작정이다. 여러분이 이 책에서 읽게 될 모든 사실 자료들은 실제적인 조사에 근거하거나 아니면 내가 지어냈거나 둘 중 하나이다. 하지만 여러분은 나를 믿어도 좋다. 나 자신이 사내니까.

자극 – 반응 비교 챠트: 여자 대 남성 대 사내

자극	여성의 전형적 반응	남성의 전형적 반응	사내의 전형적 반응
자연상태 그대로 거칠게 굽이치는 강	그 강의 아름다움을 음미한다	댐을 건설한다	그 댐에서 누가 가장 멀리 오줌을 갈길 수 있는지 알아본다.
교실에서 말썽 피우다 집으로 돌려보내진 아이	원인을 알아보기 위해 아이와 대화를 나눈다.	아이를 사관학교에 보내겠다고 위협한다.	겨드랑이로 방귀뀌는 법을 아이에게 가르친다.
죽음의 필연성	종교적 신앙	피라미드	번지 점프

당신은 사내인가?

이 과학 퀴즈를 풀어
당신의 사내성 지수를 알아보라

1_고도로 진화된 별에서 온 외계인들이 지구를 방문하는데, 처음으로 만난 사람이 당신이어서, 은하간 우정의 징표로 당신에게 작지만 믿기 힘들 만큼 정교한 장치 하나를 선물로 준다. 그건 모든 질병을 치료할 수 있고, 청정 에너지를 무한정 공급할 수 있으며, 굶주림과 가난을 쓸어 없앨 수 있고, 지구 전체에 걸쳐 억압과 폭력을 영구히 제거할 수 있는 기계이다. 당신은 이걸 받아서 어떻게 할 생각인가?

a. 그걸 미국 대통령에게 바친다.

b. 그걸 유엔 사무총장에게 바친다.

c. 그걸 분해해본다.

2_나이가 든다면, 당신이 젊었을 때 지니고 있던 자질 중 어떤 것을 잃는 게 가장 아쉽겠는가?

a. 순진무구함

b. 이상주의

c. 폭죽 터트리기

3_다른 남자에게 키스해도 괜찮다고 생각할 때는?

a. 편협한 사회관습에 구애되지 않고 소박하면서 순수한 애정을 표현하고 싶을 때.

b. 상대가 교황일 때(입술에는 아니지만).

c. 그가 당신 형이고, 당신은 알 파치노이고, 사업상의 이유로 당신

이 그를 죽이지 않을 수 없다는 걸 그에게 알려줄 수 있는, 진짜로 폼나는 방식이 이것뿐일 때.

4_다른 남자를 껴안는 문제라면?

a. 그 남자가 당신 아버지인데, 적어도 당신들 두 사람 중 한 명이 불치의 병을 앓고 있을 때.

b. 당신이 하임리히 메뉴버[1]를 하는 중일 때.(그리고 이 경우에도 "난 이 남자 식도에 걸린 음식물을 빨아내는 것뿐이야! 난 절대 흥분한 게 아니라구!"를 몇 번이나 외치면서.)

c. 당신이 프로야구 선수인데, 동료 선수가 홈런을 날려 월드시리즈에서 우승하게 되었을 때. 단 (1) 그가 그라운드 안에 합법적으로 있고, (2) 당신들 둘 다 헬멧을 쓰고 있으며, (3) 우정의 표시로 골절을 일으킬 만큼 강하게 그의 가슴을 퍽퍽 치는 행동도 함께 할 수 있다는 전제하에서라면.

5_다음 빈칸을 완성하라. 장례식은 ____________하기에 좋은 시간이다.

a. 고인을 추모하고 유가족들을 위로

b. 인생무상에 대해 숙고

c. 암을 앓으면서 동시에 치매에 걸려 있는 글마를 놓고 농담

1_기도에 이물질이 막혀 질식이 일어날 때 하는 응급조치—옮긴이

6_당신이 보기에 가장 바람직한 애완동물은?

a. 고양이

b. 개

c. 고양이를 먹는 개

7_당신이 오랫동안 사귀어온 한 여자가 있다. 그녀는 매력적이고 그녀와 같이 있으면 언제나 기분이 좋다. 어느 한가한 일요일 오후, 당신은 야구중계를 보고 그녀는 신문을 읽으면서 시간을 때우고 있을 때, 갑자기 그녀가—틀림없이 하늘이 너무 파래서였을 것이다—자신은 당신을 정말로 사랑하지만 자신들의 관계가 어디로 가고 있는지 모르는 애매한 상태를 도저히 더 이상 참을 수 없노라고 하면서, 자신은 당신이 과연 결혼하고 싶어하는지를 묻는 게 아니라, 단지 정말로 당신이 자신과 미래를 어느 정도 함께 꾸려나갈 생각이 있는지를 묻고 있는 거라고 한다면, 당신은 뭐라고 말하겠는가?

a. 당신들 두 사람이 미래를 함께 꾸려가게 되리라고 진심으로 믿지만, 굳이 서두르고 싶지는 않다고.

b. 그녀에게 강하게 마음이 끌리긴 하지만, 솔직하게 말해서 그렇다고 가까운 장래에 결혼이라는 고정된 관계로 뛰어들 마음의 준비가 되어 있는 건 아니며, 거짓된 희망을 품게 하여 그녀가 상처받게 만들고 싶지도 않다고.

c. 그 발빠른 ○○○가 도루에서 실패하다니 믿을 수가 없다고.

8_오케이, 그래서 이제 당신은 진실로 사랑하는 한 여자와 여생을 함께 보내기로 마음먹었다고 하자. 어떤 것이든 세상이 제공하는 온갖 기쁨과 슬픔, 성공과 좌절, 모험과 기회들을 함께 나누면서 말이다. 당신은 그녀에게 어떻게 이야기하겠는가?

a. 그녀를 멋진 레스토랑에 데려가 저녁을 먹은 다음 이야기한다.

b. 달빛이 비치는 해변을 두 사람이 함께 거닐다가 그녀의 이름을 부른다. 당신쪽으로 얼굴을 돌릴 때의 그녀 모습…… 바닷바람에 가볍게 휘날리는 그녀의 머리칼과 별들이 담긴 그녀의 눈동자를 바라보며 이야기한다.

c. 그녀에게 뭘 말해?

9_평일의 어느 날 아침, 깨어나보니 아내가 몸이 아프다. 아내가 세 아이 등교 준비를 당신더러 시킬 때 당신이 아내에게 할 첫 번째 질문은?

a. "애들한테 아침을 먹여야 하지 않을까?"

b. "애들은 이미 학교에 간 거 아냐?"

c. "애들이 셋이나 된다고?"

10_낡은 팬티를 버려도 괜찮다고 생각할 때는?

a. 그게 죽은 고래색으로 바뀐 데다가, 새로 생긴 구멍들이 본래 다리를 넣기로 되어 있는 구멍들과 헷갈릴 만큼 커졌을 때.

b. 그게 느슨하게 연결된 여덟 개의 팬티 분자들로 전락하여 핀셋

으로 집어야 할 때.

c. 어떤 경우에도 낡은 팬티를 버려서는 안된다. 진짜 사내라면 누군가가—이름을 거론할 것까지는 없지만 이 경우의 누군가는 그 사내의 부인일 가능성이 농후하다— 소리 소문 없이 그의 팬티를 버릴 경우를 대비해 수시로 쓰레기통을 확인한다. 솔직히 말해서 그녀는 질투하고 있는 거다. 왜냐하면 사내가 자기한테보다 팬티한테 더 애정을 보인다고 생각하기 때문에.

11_당신 생각에 모세가 40여년 동안 온갖 곳을 떠돌고 나서야 마침내 약속의 땅에 들어섰던 이유에 대한 가장 근거 있는 설명은?

a. 그는 시험받고 있었다.

b. 그는 마침내 약속의 땅에 이르렀을 때, 사람들이 진심으로 감사하기를 바랐다.

c. 그는 길을 물어보는 걸 한사코 거부했다.

12_인간이 이룬 가장 위대한 업적은 무엇인가?

a. 민주주의

b. 종교

c. 리모컨

· 점수 매기는 법: "c"라고 대답한 문항마다 1점씩을 주면 된다. 이 테스트에서 적어도 10점은 받아야 진짜 사내다. 사실 진짜 사내라면 적어도 15점은 받을 것이다. 왜냐하면 암에 걸렸지만 치매 증세로 그 사실을 모르는 사내를 놓고 재미있는 농담을 지어낼 수 있다는 사실을 발견한 자신이 자랑스러워서 특별 보너스 점수 5점을 주지 않을 수 없었을 테니까.

사내에 관한 첫번째 보고서

역사속에서 사내의 역할

남자는 총을 발명했지만
사내는 똥침을 발명했다

역사에서 사내들은 중요한 역할을 해냈지만, 이 역할이 제대로 주목받은 건 아니다. 그건 사내들이 행한 역할을 글로 남긴 사내놈이 아무도 없기 때문이다. 사내들은 적는 것을 그리 달가워하지 않는다. 예를 들어 대학교수의 강의를 듣는 대학생들의 경우, 기말고사가 가까워오면 사내 대학생들이 여자 대학생들에게 집단구애를 시작한다. 그녀들의 강의노트를 빌려 복사하기 위해서. 이것이 '캠퍼스 커플' 탄생의 감춰진 비밀이다.

하지만 사내들은 '강의노트'는 물론이고 메모조차 하는 법이 거의 없다. 아마도 걸렸을 경우에 경찰에서 진술서를 작성할 필요가 없었다면 사내들은 더 많은 폭력사건을 일으켰을 것이다.

요컨대 내 이야기는 사내들은 뭘 적으려고 하지 않기 때문에 역사책에서 제대로 대접받을 수가 없었다는 것이다. 반면에 역사책에 남자들이 그토록 많이 등장하는 건 남자들은 후세를 위해서 자신들의 삶을 시시콜콜히 적어 남기는 걸 좋아하기 때문이다. 예를 들어 알렉산더 대왕만 하더라도 자기 손으로 직접 일기를 썼다. 그래서 오늘날의 우리도 그가 이런저런 날에 뭘 했는지 정확히 알 수 있다. 그중 일부를 발췌하면 다음과 같다.

기원전 327년 11월 4일 — 날씨 흐림. 소아시아를 정복하다.

기원전 324년 1월 6일 — '기원전'이 무슨 뜻인지 알아내다.

기원전 323년 5월 17일 — 젊은 나이에 죽다.

하지만 알렉산더 대왕의 군대에 소속되어 있던 일반 사내들이라면 어땠을까? 그들이 역사에 기여한 바라면? 그렇다, 알렉산더가 아리스토텔레스 같은 전설적인 그리스 철학자들의 영향력을 당시 문명세계의 반 이상으로 확산함으로써 오늘날까지도 서구 사상과 문화의 발달에 의미심장한 영향을 미치고 있다는 사실은 중요하다. 하지만 같은 시기에 살았던 그의 졸병들 중 일부가 후세에 은행강도들이 아이디어를 얻은 장난감창 속 임수를 완성했다든지, "유레카"를 외치며 벌거벗고 거리를 뛰어다닌 아르키메데스의 정신을 기려 스트리킹에 도전한다든지 하는 것도 중요하지 않을까?

내가 이 장에서 파헤치려고 하는 게 사내들이 이룬 이런 류의 업적이다. 그럼 선사시대부터 시작해보자.

선사시대의 사내들

알다시피 선사시대는 인간에게 대단히 힘든 시기였다. 어딜 가나 사람고기를 먹는 포악하고 사나운 맹수들이 으르렁거렸고, 질병이 만연하여 끔찍할 정도로 사망률이 높았으며, 자동금전출납기는 여전히 꿈에 불과했다.

그 당시 사회의 기본단위는 씨족이었는데[1] 남자와 여자의 역

1_10개 씨족이 1개 부족이었다(혹은 이었을 것이다).

할이 명확히 나눠져 있었다. 여자들은 아이들을 보살피고, 식물의 뿌리를 캐서는 물에 담궈두었다가 껍질을 벗긴 다음, 두 개의 무거운 돌멩이 사이에 놓고 여러 시간 동안 힘들여 빻다가 결국 집어던져버리곤 했다. 그녀들에게는 "우리가 원시적일지는 몰라도 뿌리를 먹을 만큼 어리석지는 않아"라는 원시인의 오기가 있었던 것이다.

이 때문에 식량 수집의 기본 책임은 남자들의 어깨에 떨어졌기에, 남자들은 며칠씩 집을 비워가며 대형 공룡 사냥에 나서곤 했다. 이건 힘든 일이었다. 그들은 우선 엄청나게 깊은 구덩이를 파고 나서, 나뭇가지들을 덮어 그것을 위장한 다음, 덩치 큰 공룡이 와서 그 함정에 빠지기를 기다리며 덤불 속에 숨어 있곤 했다. 사냥꾼들은 자주 오랜 시간을 기다리며 덤불 속에 숨어 있어야 했는데, 그들로서야 그 이유를 알 리 없었겠지만, 그건 공룡들이 이미 몇백만년 전에 사라지고 없었기 때문이다.

그래서 남자들은 많은 시간을 하는 일 없이 빈둥거리며 앉아서 보냈다. 결국 그 지겨운 상황을 참지 못하고 조바심을 치던 그들 중 일부는 농업을 발전시키고 원시 도구들을 발명하는 따위의 활동쪽으로 빠지고 말았다. 하지만 빈둥거리며 앉아 있는 걸 정말로 좋아하는 남자—이들이 최초의 사내들이다—도 있었다. 이제 이들도 함정을 파는 지겨운 짓거리는 그만두고 숲속에 들어가서 그냥 앉아 있기만 했다.

"공룡을 잡는다는 건 정말 쉬운 일이 아니야." 그들은 사람들, 특히나 자기 짝들에게 못을 박곤 했다. "하지만 우리가 그

일을 하지 않으면 누가 하겠어?"

그래서 그들은 뿌리와 관련된 일에서 빠져나올 수 있었다.

하는 일 없이 앉아 빈둥거리면서 마치 생산 활동에 전념하는 듯한 인상을 주는 것, 이것이야말로 최초의 진짜 사내들이 인류 문명에 기여한 주요 공헌이었다. 사실 선사시대에 닦아놓은 이런 전통이 없었다면 앉아서 빈둥거리는 게 주요업무인 낚시와 판촉회의, 고속도로 보수공사, 연방정부, 그리고 '고객 서비스' 같은 여러 현대식 제도와 활동들은 생겨나고 존립할 근거가 없었을 것이다.

그렇다고 선사시대의 사내들이 앉아서 빈둥거리는 것 말고 아무것도 하지 않았다는 이야기는 아니다. 그들은 또한 사내들의 가장 대표적인 행동양태 중 하나가 된 활동도 발명했는데, 미국 한 나라에서만도 이 활동을 하는 데 사내들이 매년 178조에 달하는 시간을 들이고 있다. 내가 지칭하는 활동이란 사내들이 자기 몸의 은밀한 부위를 긁어대는 것을 말한다. 그리고 여기서 내가 말하는 '긁어댄다'는 한순간의 가려움을 해결하기 위해 손톱으로 두어 번 재빨리 해당 부위를 훑는 정도가 아니라는 데 유의하길. 내가 여기서 말하는 '긁어대는 활동'은 사내들이 집수리 따위에 들이는 시간과 에너지보다 더 많은 시간과 에너지를 들이면서 하는 활동이다.

어디라도 좋다, 사람들이 붐비는 곳이라면. 그런 곳을 걸어 다녀보면, 자기 몸을 긁어대는 데 몰두하고 있는 사내들을 몇십 명, 때로는 몇백 명까지도 목격하는 건 단지 시간 문제다. 다른 사람들이 눈치채지 않도록 애쓰는 사내들도 있지만, 일단 그 활동을 시작하고 나면 자신이 지금 어디에 있는지를 완전히 잊고 마는 경우가 대부분이다. 그럴 수밖에 없는 것이 그들이 자기 주변의 세계를 완전히 망각한 채 양손이나 원예도구 따위를 써서 바지 속을 헤집고 다니던 게 그리 오래 전 일이 아니기 때문이다. 그런데 이건 문제상황을 불러올 수 있다.

타이타닉호의 1등 항해사: 선장님, 그렇다면 뭔가 조치를 취해야 하지 않을까요? 배의 방향을 바꿀까요? 선장님? 예? 선장님?

선장: (…벅벅벅벅벅벅벅벅벅벅…)

1970년대의 일인데, 한번은 텔레비전에서 〈필라델피아 필리스〉 팀의 시합을 보고 있을 때였다. 승패를 좌우할 만큼 주요한 순간이었던 관계로 〈필리스〉의 감독인 대니 오자크("대니 오자크"라는 그 이름만큼이나 전형적으로 사내다운 외모를 자랑하던 사람이었다)가 투수 마운드로 걸어나와 협의를 했다. 대니는 카메라에 등을 돌린 자세였는데, 그의 오른손이 얼핏 보면 저 혼자서 움직이는 것처럼 사타구니 지역을 배회하는가 싶더니 그 일대를 탐색하기 시작했다. 아니, 실제로는 파고들기 시작했다. 마치 대니가 거기서 중요한 어떤 서류를 잃어버리기라도 한 것처럼 말이다. 그 손이 워낙 정력적으로 움직이는 바람에 텔레비전 아나운서조차도 결국에는 웃기 시작하지 않을 수 없었다. 이것이 시합의 결정적인 시점에서 텔레비전이 중계하는 야구장

한가운데 서 있으면서도 긁어대는 걸 자신의 최우선순위로 삼는 한 사내의 모습이다. 대니 오자크, 그는 사내 중의 사내였다.

몇 주 동안 정말 하릴 없이 앉아서 개기던 사내들이 마침내 골프를 발달시킨 것도 이 원시시대의 일이다.(행여 오해하실 분들에게 하는 이야기지만, 나는 선사시대 사내들이 이룬 업적을 조작해서 득볼 게 없는 사람이다.) 사내들이 짐승 가죽으로 만든 공과 나뭇가지 모양을 본따서 만든 조야한 클럽을 써서 빠르게도 기원전 200만년 전부터 골프를 쳤다는 증거가 있다. 놀랍게도 이 초기 골프선수들은 치핑(공을 낮고 짧게 띄우는 골프 동작—옮긴이)과 퍼팅, 모래 벙커, '보기'와 속임수 같은 골프의 기본요소들도 벌써 발명해놓고 있었다. 하지만 그들이 아직 생각해내지 못한 한 가지가 있었으니, 바로 구멍이었다. 이 때문에 원시 골프시합들은 목표지점을 갖지 못하고 두서없이 헤매는 경향이 있었다. 지금의 고고학자들은 육로로 아시아에서 북

미로 처음 건너간 인류가 3-몇명[2]의 초기 사내 골프선수들이었을 걸로 믿고 있다. ("지금까지 몇 타나 쳤나?" "보자, 빙하에서 내려오는 데 2타를 쳤고, 거기에 있던 마스토돈(코끼리 비슷한 태고 동물—옮긴이)에서 다시 1타를 추가했으니까 총…… 1,700만타로군." "거짓말!")

고대 이집트의 사내들

고대 이집트 사내들이 이룬 가장 중요한 업적은 대파라오인 아멘투텐 3세의 장례식 때 일어났다. 그때 몇몇 사내들이 저 유명한 '마네킹 미이라' 농담을 발명해냈는데, 이것이 이집트 제국의 몰락을 불러왔다. 하지만 관련자 모두는 그래도 그것이 그럴 만한 가치가 있었다는 데 동의했다.

고대 그리스의 사내들

전성기의 그리스는 고대 인류가 행한 정치와 과학과 예술의 가장 영광스런 기여 중 일부를 싹틔울 수 있는 비옥한 문화 토

2_그들은 아직 '4'를 발명하지 못했다.

양을 제공했다. 하지만 사내란 본디 '비옥함' 이니 '문화' 니 하는 것들과는 잘 어울리지 않는 족속인지라, 고대 그리스 사내들도 척박한 새로운 분야를 개척하는 데 열과 성을 다했으니, 그것이 바로 고대 올림픽이다. 이건 오늘날 우리가 보는 시합들과는 완전히 딴판이다. 일례를 들면 그 당시 선수들은 완전 나체였다.[3] 이건 나이키 로고를 그들의 피부에 직접 새겨야 했을 뿐 아니라, 이따금 당혹스런 육체적 반응을 보이는 자신의 모습을 발견하기도 했다는 의미다.("네가 가지고 다니는 게 투창이야? 아니면 나를 만나서 그냥 기쁜 거야?")

또한 초기 올림픽 사건들은 대단히 처절했는데, 특히나 마라톤이 그러했다. 최초의 마라톤 주자는 그리스가 대승리를 거둔 현장에 있다가 그 소식을 42.195킬로미터 떨어진 아테네시에 전하기 위해 파견된 연락병이었다. 그는 달리고 달리고 또 달렸다. 그래서 마침내 아테네에 도착했고, 다시 왕 앞으로 달려가 숨을 헐떡이며 자신의 메시지[4]를 전한 다음 땅에 쓰러져 죽었다.

주위에 둘러서 있던 군중이 그 상황을 제대로 파악하기까지는 어느 정도의 시간이 필요했기에, 그들은 잠시 이 용감한 남자의 주검을 내려다보며 말없이 서 있었다. 그러다가 자신이 본 장면에 감동 받은 나머지, 더 이상 입을 다물고 있을 수 없게 된 뒤쪽 줄의 한 사내가 소리를 질렀다.

3_아이러니하게도 그들은 샤워할 때는 옷을 입고 했다.

4_그의 메시지는 "내 발이 날 죽이고 있어요" 였다.

"우-"

그리고 듣고 있던 두 사내가 꽤 괜찮은 소리라고 생각하면서 여기에 가담했다.

"맞아, 우-"

이 사내들이야말로 역사상 최초의 스포츠팬이었다는 점에서 이것은 대단히 중요한 역사적 순간이었다. 그들은 실제로 하는 일이 아무것도 없는 사람도 스포츠에는 참여할 수 있다는 획기적인 사실을 발견해낸 것이다. 그러니까 당신이 고대 그리스제 패스트푸드나 왼종일 먹고 둘러앉아 있다가, 고대 그리스를 몇 번이나 무너뜨리고도 남을 만큼 강력한 충격파를 발생시키면서 넘어지지 않고서는 단 10미터조차 달릴 수 없는, 운동과는 완전히 담 쌓은 비계덩어리 고대 그리스인이었다 할지라도, 당신의 숙적들에게 쓸데없이—또 대개는 멍청하게— 고함이나 질러대는 것만으로도 스포츠 행사와 관련하여 뭔가 중요한 일을 하는 듯이 굴 수 있는 것이다.

"우-"에 덧붙여 고대 그리스 사내들은 팬들이 고함지를 때 사용할 다른 문장들도 발달시켰는데, 여기에는 비난용("야! 이 문디 자식아!")과 고무용("야! 이 문디 자식아!")이 있었다. 고대 로마 사내들이 다양한 스포츠 시합들에서 사용할 수 있는 고도의 팬 문구들을 발전시킨 건 이로부터 2, 3세기가 지나지 않아서였다. ("이봐 사자! 넌 기독교도 물어뜯는 게 그 정도밖에 안 돼? 우리 할머니도 그보다는 잘 물어뜯겠다!")

중세의 사내들

중세는 서구 유럽사에서 몇 번에 걸친 문화적 가치 및 기준의 하락과 혼란 및 유사 야만주의로의 복귀로 문명의 몰락이 일어난 시기이다. 이 때문에 중세는 사내들에게 꽤 괜찮은 호시절이었다. 그들은 원하는 만큼 얼마든지 자주 침을 뱉을 수 있었고, 마상 창시합 토너먼트에 가서 자신이 좋아하는 기사를 응원하며 즐길 수 있었다. ("헤이, 런셀롯! 문디 자식아!")

그럼에도 완벽하지는 않았다. 그 당시 가질 수 있는 직업이란 건 농사일이 대부분이었는데, 그건 일종의 고역이었다. 사람들은 아침부터 저녁까지 밭에 나가서 조잡한 농기구를 가지고 지저분한 일들을 해야 했다. 게다가 그렇게 날이면 날마다 달이면 달마다 땀 흘리며 고생해도 보잘것없는 수확물밖에는 건질 수 없었다.

"아마도 씨든 뭐든 심었어야 했나봐." 그들은 이따금 이렇게 논평하곤 했다.

중세 사내들은 농업에 신경쓰지 않았다. 그들의 마음은 뭔가 새로운 라이프 스타일을 찾는 데에 온통 집중되어 있었다. 그러다가 마침내 그들 중 한 명이 멋진 생각을 해냈다.

"바로 그거야!" 앞이마를 치면서 그가 외쳤다. 하지만 유감스럽게도 그는 손바닥이 아니라 손에 들고 있던 조잡한 농기구로 이마를 치는 바람에 의식을 잃고 땅바닥에 쓰러지고 말았다. 하지만 얼마 후 정신을 차린 그가 다른 사내놈들에게 자신의 계획을 설명했다. 다른 사내들도 하나같이 그 계획이 마음에 들었다. 그래서 그들은 하나같이 "바로 그거야!"를 외치며 곧바로 실행에 들어갔다. 그날 밤 저녁식사 자리에서 그들은 화난 목소리로 자기 아내에게 말했다. "당신, 그거 알아? 터키놈들이 성지를 점령했대!"

"오, 저런!" 아내들은 사실 성지가 뭔지도 몰랐지만, 남편이 그토록 걱정스러워하는 문제에 조강지처로서 무심한 듯이 보이고 싶지도 않았다.

"그래, 그래서 아무래도 내가 십자군에 나갈 수밖에 없겠어."

"십- 뭐라고요?"

"여보, 날 기다리지 마."

그리하여 시대를 통털어 사내들의 가장 위대한 발명 중 하나인 출장이란 게 탄생하게 되었고, 얼마 안 가 몇천 명의 사내들이 십자군에 나섰다. 몇 년 후 집으로 돌아온 그들은 밭도 일궈야 하고, 지붕도 이엉을 새로 얹어야 하는데, 애들이 다시 그 망할 놈의 역병으로 자리에 드러눕게 된 현실을 놓고 아내가 불평을 늘어놓는 소리를 들으면서 집에 붙어 있는다. 하지만 그것도 잠시, 보름이 채 가지 않아 그 집의 사내는 한껏 분개하는 표정을 지어보이면서 저 악질 터키놈들이 아직도 성지를 점령하고 있어서 다시 가지 않을 수 없노라고 선언한다.

그러는 사이, 터키 사내들은 노르웨이로 해서 서유럽으로 가지 않을 수 없노라고 자기 아내들에게 이야기하고는 자기들의 고향을 떠난다. 이 반(反)십자군파의 사내들은 주로 이탈리

아에서 밍기적거리는 데 대부분의 시간을 할애하는데, 이들로서는 다행이었던 것이 이탈리안 레스토랑이 이제 막 생겨나기 시작했기 때문이다. 그리고 이것은 다시 현대 소설문학의 효시가 된 지출경비 내역서 작성요령의 발달을 불러왔다.

르네상스의 사내들

르네상스는 철학과 과학, 예술에 대한 관심이 부활하고, 무엇보다도 인본주의, 즉 신이 아닌 인간……의 구체적 필요와 관심과 이상에 집중하는 철학인 인본주의가 대두한 시기이다. 사내들은 인본주의가 여자 나체 조각상들을 가져다준다는 점에서 그 철학을 마음에 들어했다.

그리고 불멸의 윌리엄 셰익스피어 같은 극작가들의 등장은 사람들을 극장으로 다시 불러들이게 했다. 특히나 셰익스피어의 유려한 희극과 비극은 사내들에게 대단히 인기가 높았다. ("헤이, 햄릿! 이 문디 자식!")

프로테스탄트 개혁과 뒤이은 유럽 정치의 재편에서 사내들의 역할

이런 일들이 일어나고 있을 때 사내들은 낚시를 하고 있었다.

사내들과 개척시대

역사가들이 믿는 바로, 개척시대는 15세기에 닉이라는 이름의 한 이탈리아 사내가 와인 두 잔을 마시고, 곤돌라를 빌려 자기 아내를 태우고 베니스 운하까지 유람을 하려고 하면서 시작되었다. 그가 노를 저은 지 두어 시간이 지났을 무렵, 그의 아내는 자신들이 전혀 낯선 곳에 와 있다는 사실을 눈치챘다. 그녀는 닉더러 길을 잃었을지 모르니 누구한테 길을 물어보는 게 좋지 않겠느냐고 떠보았다. 당연히 닉은 그렇게 하려 하지 않았다.

사내들이 죽자고 길을 물어보지 않는다는 건 알 만한 사람은 다 아는 사실이다. 이건 생리적인 문제여서 난자가 있는 곳에 도달하는 데 몇백만 개의 정자세포가 필요한 이유가 여기에 있다. 그 몇백만의 정자들 하나하나가 다 자신이 가는 방향은 누구보다 자신이 잘 알고 있다고 철썩같이 믿으면서 자기 나름의 방향으로 꿈틀거리며 나아가는 것이다. 자기들 몸집에 비하면

목적지인 난자의 크기는 위스콘신 주 만한데도 말이다.

어쨌든 닉은 밤이 찾아올 때까지 계속 노를 저었고, 그의 아내는 지금 있는 지점이 어딘지 누군가에게 물어볼 것을 점점 더 끈덕지게 요구했지만, 자신들이 어디에 있는지는 자기가 제일 잘 알고 있다고 대꾸하는 닉의 태도 또한 그만큼 갈수록 완강해졌다. 결국 상대방에게 너무 화가 난 두 사람은 완전히 입을 다물고 말았다. 그래서 그들이 북미대륙에 도착했을 때, 그의 아내는 팔짱을 낀 채 뾰루퉁하니 앉아 있었고 그는 열심히 노를 젓고 있었다.

"흥, 우리가 있는 지점이 어딘지 잘 아신다고?" 그의 아내가 북미대륙을 보고 이렇게 빈정거렸지만, 그는 조금도 굽히지 않았다.

"그럼, 알지. 이게 지름길이라구."

그는 돌아오는 길에 반대방향에서 오고 있던 크리스토퍼 콜럼부스와 정면 충돌할 뻔했다.

식민지의 사내들

영국 정부의 고압적인 반민주적 조치에 대한 대중적 분노를 공공연하게 표현하기 위해서는 인디언 복장으로 차려입고 홍차를 보스톤 항구 바다 속에 쏟아붓는 게 좋겠다는 발상을 가지고 나타난 건 몇몇 식민지 사내들이었다. 게다가 그들은 언제나 생각만이 아니라 행동으로 직접 표현하고 싶어했다.

이런 용기 있는 노력으로 혁명전쟁이 일어나게 되었고, 전쟁 동안 동일 인물의 이들 사내들은 여타 무수한 준(準)군사행동에 참여했는데, 카우보이 복장으로 차려입고 의자들을 보스톤 항구에 집어던진 것과, 프랑스 젖소부인 복장으로 차려입고 젖소를 보스톤 항구에 집어던진 것, 한 떼거리의 맥주 마시는 사내들 복장으로 차려입고 보스톤 항구에 뛰어든 것 등이 그 대표적인 사례이다. 조지 워싱턴 장군이 이들 사내들의 노력을 익히 알고 있었음을 보여준 건 "다른 사람들이 다 죽는 한이 있어도" 이들을 절대 군에 받아들여서는 안 된다고 말하는 성명서를 손수 제출했을 때였다.

산업혁명에서의 사내들

산업혁명은 기계화와 증기기관, 대량생산에서의 기술적 비약으로 세계의 경제풍경이 완전히 뒤바뀜으로써, 자본주의적 자유시장이 형성되고, 광범한 부가 창출되며, 도시산업 사회의 지배적인 사회적 요소로서 중간계급이 성장하게 된 시기이다. 이 시기 동안 사내들이 이룬 업적은 도박장을 발명한 것이다.

사내 과학사 한토막

토마스 에디슨이 다양한 디자인의 백열전구들을 가지고 실험을 시작하기 10년도 더 전인 1857년 10월 8일, 자기 집에 있는 임시 소형 실험실에서 작업하던 알프레드 A. "거스" 루게할터는 조잡한 비산연 밧데리에서부터 무산소의 밀봉 유리구 속에 들어 있던 필라멘트 끝부분까지 흑연을 연결했지만, 아무일도 일어나지 않았다. 그래서 그는 깔고 앉으면 방귀소리를 내는 쿠션을 발명했다.

현대의 사내들

인류가 현대로 들어섬에 따라 사내들 또한 사회에 대한 기여를 계속해갔다. 다음에 사내들이 아니었다면 오늘날 누리지 못했을 현대판 혜택들의 극히 부분적인 목록이 있다.

1. 똥침
2. 공처가

독자들 눈에는 사내들이 이룰 수 있었던 게 더 이상 뭐가 있겠는가 싶겠지만, 그들은 계속해서 놀랍도록 성큼성큼 발걸음을 내딛어 오늘날로 곧장 들어섰다. 여기에 위스콘신 주 라크로

세 시에서 발간되는 〈트리뷴〉지에 실린 기사 하나가 있다. 이것은 세릴 긴그리치라는[5] 이름의, 주의깊은 한 독자가 보내준 것으로, 위스콘신 주 웨츠비 읍 출신의 세 사내들—트리그브 톰슨, 리차드 스탁스톤, 댄 엘리프손—에 관한 이야기다. 모두 40대인 이 사내들은 어느 겨울날 밤 맥주 몇 잔을 마시고 나서, 스키 점프대의 30미터 높이에서 몸을 날려보기로 의견을 모았다.

카누를 타고.

이건 내가 지어낸 이야기가 아니다. 제프 브라운 기자가 쓴 기사에 따르면 이들은 이미 여러 해 전부터 카누 점프에 대해 논의를 해오다가 이 특별한 날 밤, 그냥 그렇게 해보기로 결정을 했다고 한다. 그래서 그들은 5미터 길이의 카누를 산꼭대기까지 끌고 올라간 다음, 그 안에 타고—기사에 따르면 맨 뒤에 앉아 있던 엘리프손은 노를 가지고 있었다고 한다[6]— 출발했다. 당신도 짐작이 가겠지만, 그 카누는 점프를 하면서 산을 내려오다가 공중으로 붕— 하고 날아오르면서 크리스토퍼 콜럼부스와 정면으로 충돌하고 말았다.

아니다, 사실 그 카누는 시속 22,000킬로미터의 속도로 산을 다 내려왔고, 산 밑바닥에 와서 카누가 뒤집히는 바람에 멈출 수 있었다. 그리고 카누에 타고 있던 세 사람은 찰과상 정도

5_나는 세릴에게 보내는 감사의 표시로 이 멋들어진 각주를 달고 있다.
6_그 기사는 스탁스톤의 말을 인용해 "그는 노를 저을 계획이었다"고 적고 있다.

만 입는 기적을 연출했다고 한다.

그 기사는 그들을 "직업과 가정을 가진 세 성인남자"로 표현한다. 그럴 수도 있다. 하지만 적어도 그들이 카누에 올라타 있던 동안 만큼은, 내가 최고의 경의를 표하면서 하는 말이지만, 그들은 사내들이었다.

사내에 관한 두 번째 보고서

사내의 생물학적 본성

사내들이 개망나니처럼 행동하는
주요한 과학적 이유

사내들을 이해하기 위해서는, 사내란 건 그 뿌리에서부터 해파리나 나무 같이—다만 화장실 뒷처리의 면에서는 이들보다 못하지만—생물학적 본성으로 무장한 존재라는 사실을 염두에 두는 게 가장 중요하다. 당신이 현대 도시환경 속에서 살아가는 사내를 볼 때, 예를 들어 자동차 시트에 앉아서 신호등이 바뀌길 기다리는 그런 사내를 볼 때, 당신이 보는 그의 겉모습은 코를 후비긴 해도 이지적이고 합리적이며 자동차란 첨단기기를 조작할 수 있는 문명화된 존재이다. 하지만 그 고상해 보이는 껍데기를 벗기고 들어갔을 때 당신은 온갖 강력한 본능들과 내분비선과 호르몬과 반쯤 소화된 중국요리 따위들을 만나게 되는데, 이 모두가 복합작용을 일으키면서 그 사내의 행동방식에 막강한 영향력을 행사한다. 이

것이 다른 어떤 영역보다 더 선명하게 두드러지는 영역이 바로 바로,

☞ SEX 영역이다.

사람들은 섹스를 이따금 사망을 초래하긴 하지만 그래도 대체적으로는 재미있는 레크리에이션 활동쯤으로 보는 경향이 있지만, 사실 그것은 본질적으로 훨씬 더 심각한 주제이다. 종족 보존이란 면에서 섹스는 필수불가결의 요소이기 때문이다. 물론 섹스하지 않고도 살아남는 방식을 발달시킨 종들도 일부 있기는 하다. 예컨대 '서아시아 겁쟁이 도마뱀' 같은 경우는 오로지 입양만으로 종을 번식시켜왔다.

하지만 대다수 종들은 살아남으려면 섹스를 해야 한다. 자연계에서 섹스가 대체로 힘겨운 업무가 되는 이유가 여기에 있다. 잠자리만 해도 그렇다. 다음 번에 당신이 공중에서 섹스 하는 두 마리 잠자리를 보게 되면, 그들의 얼굴을 자세히 살펴봐라. 그들이 즐기는 듯이 보이는가? 그들이 웃고 있는가? 물론 아니다. 우리가 아는 한, 잠자리들은 웃을 입을 갖고 있지 않다. 그렇다, 그들은 몹시 진지하다. 왜냐하면 그들이 섹스 행위를 정확하게 해내지 못하면, 다른 모든 곤충들이 자신들을 비웃으리란 걸 그들도 알기 때문이다. 이것이 공중에서 다 드러내놓고 섹스하는 것의 문제다.

"빌어먹을! 철수야, 왜 우린 그냥 모텔에 가면 안 돼?" 입을

가지고 있었다면 암놈 잠자리는 이렇게 투덜댔을 것이다.

잠자리들이 섹스 행위에 그토록 진지한 또 다른 이유는 만일 그들이 그것을 제대로 해내지 못한다면, 봄이 왔을 때 고치에서[1] 기어나와 후들거리는 그 작고 귀여운 다리로 오똑 선 다음, 4,968,938,109,944개에 달하는 눈들을 졸린 듯이 끔벅이면서 가냘픈 날개를 펼친 다음, 나뭇가지 끝으로 주춤주춤 걸어가 공중으로 뛰어내리다가, 겨울 내내 이 순간이 오기만을 기다리고 있던 미스터 굴뚝새에게 후루룩 삼키우고 마는 아기 잠자리들도 있지 않을 것이기 때문이다.

따라서 우리는 잠자리가 자식들을 대량 생산하는 게, 다시 말해 대량의 섹스를 나누는 게 얼마나 중요한지 알 수 있다. 이것은 나머지 대다수 종들 역시 그러한데, 통상 섹스 행위의 시동을 거는 건 수컷들에게 달려 있다.[2] 수컷들은 이 책임을 진지하게 받아들인다. 많은 종의 수컷들이 화사한 배색의 깃털이나 무늬를 발달시키고, 암컷들을 유인하기 위해 고안된 복잡한 짝짓기 의식을 배우는 특별보습학원에 다닌다. 희귀종인 '갈색 점박이 어쩌구저쩌구 이하생략 족제비'[3]의 행동을 떠올려보라. 이 종의 수컷이 마음에 드는 암컷을 찾아내면, 수컷은 "휘입! 휘입!" 하는 소리를 내면서 암컷 주위를 빙빙 돌다가는 작은 나

1_잠자리가 고치를 짓는다고 치고.
2_자연이 이 과업을 암컷들에게 맡기지 않은 건, 그랬다간 암컷들이 집단 두통에 신음할 게 뻔하기 때문이다.
3_워낙 희귀종인지라 독자 여러분은 아마 듣도 보도 못했을 것이다.

뭇가지들을 주워모은 다음, 흙을 침과 섞어서 일종의 몰타르를 만들어 진동 안마의자 비슷한 자그만 건축물을 지어낸다. 장장 4시간이나 걸릴 정도로 힘든 이 과업을 수컷이 끝내고 나면 드디어 암컷이 "프파" 하는 소리를 내면서 수컷에게 접근하다가 돌연 몸을 돌려 숲속으로 달아나고 만다. 왜냐하면 암컷이 절대로 원하지 않는 것이 침 묻은 더러운 가구이기 때문이다. 이러니 이 특별한 종류의 족제비가 대단히 희귀한 종자일 수밖에 없지 않겠는가.

하지만 중요한 건 수컷들은 그래도 시도한다는 것이다. 수컷들은 섹스하는 것이 그들의 생리적 존재이유 중 최우선이라고 믿는다. 사내들 또한 그러하다. 우리 사내들은 그저 많이 싸지르고 싶어하는 데 익숙해 있지만, 진실은 우리가 종족 보존이라는 극단적으로 중요한 책임을 떠맡고 있으며, 이 책임을 기필코 완수하리란 것이다. 설사 그로 인해 우리가 대량의 섹스를 가질 수밖에 없고, 코피를 쏟거나 죽음을 맞더라도 말이다.

우리에게 고마워하지 않아도 된다. 우린 그냥 우리 할 일을 하고 있을 뿐이다.

일부 종의 수컷들은 이 책임을 너무 진지하게 받아들인 나머지, 아무것하고나 섹스를 하려고 한다. 나는 지금 생물학 교재에 실린 사진들을 보고 있는데, 거기에는 "무차별적인 성행위는 수컷들 사이에서 공통된 현상이다"라는 캡션이 달려 있다. 이 캡션 위에 실려 있는 두 장의 사진들 중 첫 번째 사진은 사람의 손가락과 섹스하려고 애쓰는 수놈 두꺼비의 모습을 보여준다. 이건 지어낸 이야기가 아니다. 그 사진의 캡션 왈, "수컷 두꺼비(왼쪽 사진)가 자기 종의 암컷인줄 알고 손가락을 부둥켜안고 있다." 분명한 건 실제로 그 두꺼비가 두꺼비치고는 대단히 열정적인 모습으로 검지손가락을 감싸고 있다는 사실이다. 섹스를 갖기로 워낙 단호히 작정한 나머지, 자기 파트너가 (a) 외모상으로 보더라도 도저히 두꺼비일 수는 없고, (b) 자기보다 이천 배는 더 큰 어떤 유기체에 붙어 있는 존재라는 사실조차 알아채지 못했다. 그로서는 아무래도 상관없는 것이다. 자기는 싸지르고 있다!

그러면서 그 수컷 두꺼비는 아마 틀림없이 엄지손가락 아가씨에게도 수작 걸 궁리를 하고 있을 것이다.

하지만 당신이 이것을 무차별적 성행위의 우연한 사례라고 생각한다면, 이 생물학 교재의 다른 사진을 보자. 그 캡션 왈, "오스트리아 비단벌레(오른쪽 사진)가 맥주병과 교미하려 하고 있다."

분명한 건 암컷 비단벌레와 눈곱만치도 닮지 않은 맥주병을 향해 달려드는 수컷 비단벌레가 있다는 사실이다. 수컷 비단벌레가 맥주병과 닮았다는 건 분명하다. 사실 그건 못생긴 맥주병과 닮았다. 그런데도 이 사내 비단벌레는 대단히 정열적으로 그것과 짝짓기를 하는 듯이 보인다. 게다가 틀림없이 그는 이렇게 한 것에 대해 다른 사내 비단벌레들에게 너스레를 떨며 뻐길 것이다.

그는 자랑스러움이 그대로 묻어나는 방식으로 자기 더듬이를 흔들며, 동료 사내 비단벌레들에게 메시지를 전달할 것이다.

"그렇담 오늘의 승자는 누굴 것 같애?" 그런 다음에는 의미심장한 방식으로 맥주병을 향해 머리를 끄덕일 테고……[4] 그러면 사내 비단벌레들은 질투에 가득찬 더듬이 흔들기 방식으로 "빌어먹을! 나도 진작부터 그녀를 손에 넣으려고 했는데!"란 메시지를 너도나도 보낼 것이고.

이런 식으로 짝짓기 하려고 줄 서 있는 사내들의 사례는 다른 종들에서도 수없이 많다. 나는 예전에 수컷이 암컷보다 훨씬 더 작은 종의 물고기에 대해 읽은 적이 있다. 얼마나 몸집이 차이가 나는지 수놈이 암놈과 짝짓기를 하면, 수놈은 암놈에게 딱 달라붙어야 하고, 암놈은 수놈을 거의 빨아들이다시피 하여 사실상 암놈 몸의 일부, 그냥 암놈의 부속물이 되게 만든다. 최근에 엘리자베스 테일러와 결혼한 누구누구처럼. 섹스를 위해 운명을 포기한 사내란 건 이런 걸 두고 하는 말이다. 다른 사내 물고기들과 모래톱 위를 어울려다니던 그 사내 물고기의 호시절도 이걸로 끝이다.

그리고 바나나 민달팽이들을 잊지 말자. 사실 당신은 바나나 민달팽이들을 잊고 싶을 것이다. 일단 그들이 섹스를 가진 이후에 서로에게서 떨어지기 위해 무슨 짓을 하는지—알리스 브리안트 하퍼라는 사람이 쓰고 존 W. 글렌데닝이라는 주의깊은 독자가 내게 보내준 〈바나나 민달팽이〉라는 제목의 흥미진진한 책에 따르면— 알고 나면. 이 책은 바나나 민달팽이들이 아주 큰 생

4_비단벌레가 머리를 끄덕일 수 있다고 치고.

식기(민달팽이치고는 그렇다는 이야기다)를 가지고 있으며, 섹스 행위를 하고 나서도 떨어지지 못하고 달라붙은 채로인 경우가 이따금 있어서, 그들은 서로를 떼어내기 위해서……

적색경보 적색경보 적색경보

미 공중위생국은 남성 사내들이 이 문장의 나머지 부분을
읽어서는 안 된다고 결론지었다.

교대로 페니스를 물어뜯는다고 한다.

따라서 야생왕국에 대한 이 치밀한 검토에서 우리가 끌어낼 수 있는 결론은 야생의 수컷들은 자기 종을 유지하는 데 있어 그들이 느끼는 막중하고 신성한 책임감 때문에,

1. 아무것하고나 섹스를 한다.
2. 섹스를 하기 위해서라면 무슨 짓이라도 한다.

물론 종으로서 인간은 야생 동물들이 직면하는 류의 위협에 더 이상 시달릴 필요가 없다. 마취와 항생제, 장기이식 같은 현대 의료술의 발달 덕분에, 20세기 후반에 태어난 사람들 중 미스터 굴뚝새에게 잡아먹힌 경우가 없는 걸 보더라도 이는 분명하다. 하지만 사내들의 뿌리 깊은 재생산 본능은 그 성능 면에서 조금도 손상되지 않고 그대로 남아 있는 게 사실이다.

그렇다고 사람 사내들이 두꺼비나 비단벌레만큼 성적으로 무차별적인 건 아니다. 그러니까 내 말은 사람 사내들은 그보다 훨씬 더 무차별적일 수 있다는 것이다. 이 말이 믿기지 않는 사람이라면 시간을 내 술집에 가서 거기 앉아 있는 사내들을 관찰해볼 필요가 있다. 그들도 처음에는 약간 삼가는 경향이 있다. 하지만 술만 두어잔 들어가고 나면, 전혀 끌리지 않는 여자나, 다른 사내의 여자나, 수녀나, 그럴 듯하게 치장한 가축에게까지 수작을 걸 수 있는 게 인간 사내들이다. ("바텐더! 여기 이 꼬마 숙녀에게 건초 좀 갖다드려!")

여자들은 섹스를 생각도 않는다는 게 아니다. 여자들은 적어도 짧은 시간 동안은 섹스에 대해 생각하지 않을 수 있는 데 반해, 대다수 사내들은 그렇지 않다는 이야기다. 그래서 쭉쭉빵빵의 여성이 일단의 사내들 옆을 지나쳐 걸어가면, 그들이 몰두하고 있던 활동이 무엇인가에 관계없이, 순식간에 '욕정으로 인한 두뇌 마비증'에 걸리고 마는 것이다.

폭탄해체 전문가(차분하지만 다급한 목소리로): 좋아, 이 폭탄은 15초 후면 폭발하게 되어 있어. 셋을 세면 내가 보조 동력의 스위치를 올릴 테니까 자네가 접선을 잘라내게. 알았나?

두 번째 전문가: 알았습니다.

첫 번째 전문가: 좋아, 하나, 둘……(쭉쭉빵빵의 여성이 지나간다.)

첫 번째 전문가: 후와.

두 번째 전문가: 그래서요?

첫 번째 전문가: 으으음

두 번째 전문가: 그래서요?

첫 번째 전문가: 후와아

두 번째 전문가: 그~래~서~ 뭐~요?

폭탄: 퍼엉!

틀림없이 여러분은 내가 과장하고 있다고 생각하겠지. 아마 여러분은 지성 있는 사내가 물불 가리지 않는 욕정 때문에 이 정도 침을 갤갤 흘리는 바보로 전락하지는 않으리라고 생각하겠지. 좋다, 그렇담 게리 하트가 대통령 후보자로 지정되었던 1988년 민주당 대통령 예비선거를 떠올려보라. 게리 하트, 그가 영명한 정치적 지성을 가졌다는 점에서는 모두가 동의하는 바이지만, 그 정치적 지성은 어떤 지점에서 다음과 같은 분석과정을 겪었을 것에 틀림없다.

∴ 한편에서 나는 지금 민주당 대통령 후보가 될 수 있는 유력한 기회를 가지고 있고, 나아가 지구상에서 최고 권력자인 미국 대통령까지 되어 말 그대로 몇십억 인민의 삶에 영향을 미치고 역사과정을 바꿀 수 있는 상당한 가능성을 가지고 있다.

∴ 다른 한편에서 나는 마음에 드는 여자 누구라도 내 무릎에 앉힐 수 있다.

더 이상 주저할 게 뭐 있어? '욕정으로 인한 두뇌 마비증'이 다시 승리한다!

내가 여기서 강조하고 싶은 건 사내들은 어리석다는 이야기가 아니다. 내 말은 사내들의 몸 속에서 일어나는 미묘하고도 극히 복잡한 생체화학 반응 때문에 사내들은 어리석게 행동한다는 것이다.

당신도 물론 깨닫고 있겠지만, 이런 반응을 일으키는 주성분이 사내들이 지니고 있는, 테스토스테론이라 불리는 물질이다. 하지만 여러분은 모를 테지만, 사실 이 테스토스테론[5]은 불법물질이다. 나도 이 사실을 리차드 와트킨스라는 이름의 한 독자가 보낸 편지를 받고서야 알았다. 외과의사인 이 독자는 '연방근육 동화 스테로이드 규제법'에 관한 충격적인 의료문서를 내게 보내주었다.

스테로이드는 일부 사내들이 마이클 키튼이 베트맨이던 시절 지녔던 것과 같은 울룩불룩하고 단단한 근육을 발달시키기 위해 몸 속에 집어넣는 물질이다. 이건 멍청한 짓거리다. 왜냐하면 여자들은 울룩불룩하고 단단한 근육에 끌리지 않기 때문이다. 바디빌딩 관련자라면 다 알지만 여자들은, "유머작가" 유형으로 알려진—개중에서도 '데이브' 유형으로 알려진— 남자 몸매를 더 좋아한다. 이쪽이 더 부드럽고 더 둥그스름하며, 포드

5_그리스어에서 온 이 단어는 복합명사로 '스테론'은 "사내가 지닌"이란 뜻이고, '테스토'는 "물질, 소재"란 뜻이다.(믿거나 말거나)

자동차의 타우루스 역마차—이 역마차의 인기는 두말할 필요가 없다—에 사용되는 것과 비슷한 공기역학적 형태이다. 이 몸매는 중년 사내용 캐쥬얼바지선을 탄생시키는 선구적 역할을 했는데, 다만 애석한 건 이 바지가 시장에 나오자마자 "공포의 엉덩이용 바지"로 불리게 되는 신속한 시장동향을 고려하지 못하고서 엉뚱하게 "부두사나이"라는 이름으로 출시되었다는 점이다.

하여튼 스테로이드로 다시 돌아가자. 의료 연구자들이 찾아내는 데 몇 년이 걸리긴 했지만, 스테로이드에는 부작용이 있다. 그 의료연구자들은 한 무리의 스테로이드 복용자들을 모아놓고 말했다. "자, 부작용을 겪고 계신 분이 있으면, 주저하지 말고 손을 드세요!" 그 자리에 있던 스테로이드 복용자들은 쟁기를 메고 밭 가는 황소처럼 낑낑거리고 용을 썼지만, 근육조직의 과잉발달로 인하여 허리 위로 손을 들 수가 없었다고 한다. 아마도 그들 중 상당수는 엘리베이트 단추를 앞이마로 누르고 다닐 수밖에 없었을 것이다.

그 결과, 스테로이드가 어떤 문제를 야기하리라고 전혀 생각하지 못하고 있던 의료 연구자들이 하루는 우연히 구두로 질문을 했다. 그러자 그들은 스테로이드가 컬컬한 오스트리아 악센트를 발달시킬 수 있다는 경악할 만한 진실을 발견했다. 이것이 아놀드 슈왈츠제네거에게 일어난 일이다. 사실 캔사스 주 토페카에서 태어나고 자란 슈왈츠제네거는 미국 통계청이 그를 법적으로 '건축시설물'로 분류할 정도로 스테로이드를 과잉 복용할 때까지는 일반 미국인들처럼 말했다.

어쨌든 그래서 정부는 스테로이드를 단속하게 되었다. 나 역시 병원 신체검사 용지의 〈환자가 주요하게 호소하는 사항과 현재 앓고 있는 질병〉란에 적힌 와트킨스 박사의 편지를 받을 때까지는 그러는 게 좋다고 생각했다.

와트킨스 박사는 그 편지에 이렇게 썼다. "나는 지금 의사가운을 입고 응급상황이 발생하기를 기다리며 앉아 있는 중이다. 그런데 돌연히 메모 하나를 받았는데, 거기에는 〈1991년, 2월 27일, 테스토스테론, 헤로인처럼 규제물질로 선언되다〉라고 적혀 있다."

이 편지를 읽었을 때 즉각적으로 떠오른 생각은 와트킨스 박사가 청진기를 너무 조여 낀 게 아닐까 하는 것이었다. 하지만 그게 아니었다. 그는 절대 진리를 이야기하고 있었다. 그의 편지에는 이제부터 연방정부의 규제를 받게 될 여러 종류의 근육동화 스테로이드 목록이 실린, 퓨젯 사운드(워싱턴 주 북서부에 있는 만)의 공중보건협의회에서 나온 문서도 동봉되어 있었는데, 테스토스테론도 그 명단 안에 들어 있었던 것이다.

이것이 심각한 법률 문제를 제기하는 건 상원의원으로 알려진 여러 명의 사내들을 포함하여 대다수 사내들이 호주머니에 테스토스테론을 넣고 돌아다니기 때문이다. 이건 그들로서도 어쩔 수가 없다. 와트킨스 박사가 말했듯이 의학 용어로 테스토스테론은 "당신의 배꼽 아래에 있는 당신의 거시기 기관이 배출하는 물질"이다.

따라서 이 문서에 대한 내 해석에 따르면—여기서 내가 법대를 두 번이나 지원했다는 사실도 염두에 두시길— 사내가 되는 건 그 법률에 근본적으로 위배된다. 나로서는 이건 이해가 간다. 테스토스테론은 위험한 물질이다. 그것이 무차별적 성행위를 야기한다는 점은 놔두더라도 그것은,

사내들이 마초로 행동하게끔

만들 수 있다.

사내들은 어린 나이때부터 마초로 행동하기 시작한다. 아마 부모라면 누구나 여아들은 대체로 눈을 똥그랗게 뜨고 세상에 호기심을 보이지만, 남아들은 대체로 그것을 부수려고 한다는 이야기를 당신에게 해줄 것이다. 이런 영아 단계를 지나 유아 단계에 들어서도 여자 아이들은 다른 가족구성원들과 교감하고 그들의 행동을 본받기 위해 열심히 노력한다. 하지만 자기들이 무슨 대형 육식공룡이나 되는 줄 아는 남자아이들은 개를 물려고 하면서 일회용 기저귀를 찬 채 온집안을 휘젓고 다닌다.

물론 내가 여기서 이야기하는 건 아주 어린 사내들이다. 사내들은 나이가 들수록 더 많은 테스토스테론을 생산하게 되어 그만큼 덜 성숙해진다. 이건 그들이 자동차 핸들을 손에 쥐고 있을 때 특히나 그러하다. 어느 날 아침, 나는 다음 표지판이 붙어 있어야 할 마이애미 주 95번 주간(州間) 도로를 운전하고 있었다.

경고

앞으로 15마일
테스토스테론 수치가 극상치에 달할 것임.

내 왼쪽 차선으로 잘 차려 입은 두 중년 남자들이 삐까번쩍한 카폰까지 설치된 자동차들을 몰면서 앞뒤로 달리고 있었다. 책임감 강한 기업 임원으로 보이는 이 두 사람은 좋은 직장과 안락한 가정과 남성형 대머리를 가지고, 평일에 하는 가장 격렬한 신체운동이라고 해봐야 도장 찍는 게 고작일 사내들로, 아마 그 이름은 둘 다 로저이지 싶다.

두 로저는 정상적으로 차를 몰고 있었다. 다만 앞의 사내인 로저1이 아무 생각 없이 마이애미에서는 통상 세차기 안에서만 최고 속도로 관측되는 시속 104킬로미터 정도로 가고 있었다는 사실을 빼고는. 그래서 로저2는 두 차가 거의 머리카락 한 올 정도의 간격밖에 두지 않을 때까지 로저1에 바싹 달라붙어 크락션을 울렸다.

로저1이 그것을 그냥 보아넘기지 않은 것은 지극히 당연하다. 어떤 사내가 당신에게 크락션 울려대는 걸 그냥 놔둔다는 건 그가 당신보다 더 큰 도장을 가졌다는 걸 당신이 인정하는 셈이니 말이다. 그래서 로저1은 어쩔 수 없이 급브레이크를 밟았고, 로저2 또한 어쩔 수 없이 양손으로 지겹다는 제스처까지 구사하는, 긴급 상황에서의 놀라운 정신 집중력을 발휘하면서 로저1의 어깨 너머로 날아 충돌을 피했다.

이 때부터 두 로저는 시속 235킬로미터에 육박하는 속도로 러시아워의 교통정체를 뚫고 차선을 요리조리 과격하게 바꾸면서 달리기 시작했다. 말하자면 두 로저 다가 오로지 상대방보다 앞서겠다는 확고한 결단에서, 고함을 지르고 월넛나무로 만든 그들의 자동차 계기반에 무차별적으로 침을 튀기면서 무수한 사람들의 생명을 위협한 것이다. 그들은 순식간에 내 시야에서 사라졌지만, 둘 중 어느 한쪽도 뒤처지지 않았으리란 건 내기를 걸어도 좋다. 아마 그들의 동료들은 그날 오전 늦게서야 그들에게 무슨 일이 일어났는지 궁금해하면서 "빌어먹을 로저는 어디에 있는 거야?"라고 투덜댈 것이다. 그렇게 투덜대면서도 두 로저가 여전히 몇 센티미터의 간격만을 두고 캐나다 국경쪽으로 접근해가고 있다는 사실은 그들로서야 도저히 알 리 없겠지만 말이다.

이건 절대 사내들의 유별난 행동이 아니다. 한번은 워싱턴 D.C에서 교통정체에 걸려 있을 때 내가 직접 목격한 상황인데, 역시 근사한 자동차들을 몰고 있던 두 사내가 그들의 차선이 합쳐지는 지점에 이르렀다. 하지만 어느 쪽도 양보하지 않는 바람에 그들은 아주 느린 속도로—시속 1.5킬로미터 정도의 속도가 여기에 해당될 수 있을 것이다— 박치기를 하고 말았다. 그건 세상에서 가장 피할 수 있었던 교통사고였지만, 그 사내들로서는 어쩔 수가 없었다. 테스토스테론이 그들로 하여금 충돌하게 만든 것이다. 동물왕국에서 수컷 고라니들로 하여금 암컷 고라니와 누가 짝짓기할지 알아보기 위해 동전 던지기를 하게 만드는 대신에 몇 시간 동안이나 서로 상대방에게 머리를 들이박도록 만드는 것이 테스토스테론이듯이 말이다. 이 암컷 고라니는 옆에 서서 손톱을 다듬으며, 어쩌다가 자신이 그런 저능 종자들과 함께 놀게 되었는지 의아해하다가는 결국 지겨움을 참지 못하고 침대로 가서 잔다. 그 동안에도 사내 고라니들은 마침내 그들 중 한 명이 '승리'할 때까지 쉬지 않고 서로 머리를 들이박지만, 이 시점이 되면 애초 철가면이 아니었던 게 확실한 그의 두개골은 심한 손상을 입게 되고, 이로 인한 헷갈림 탓에 그는 관목을 포함하여 첫 번째로 만나는 아무거나와 짝짓기를 하고 만다.

마초 행동의 심각한 아이러니는, 당연히 여자들은 그것에 전혀 감동받지 않는다는 것, 이 점이다. 예컨대 여자들이 "노르만, 저 자동판매기가 머스켓총 하드 3개를 내놓지 않아서 당신이 그것을 워낙 세게 강타하는 바람에 당신 손이 부러져 우리가 내 제일 친한 친구 딸의 결혼식에 가는 대신에 병원에 가게 됐을 때, 나는 당신의 그 멋진 행동에 반한 나머지 응급실 바로 그 자리에서 내 옷을 벗어젖힐 뻔 했다니까"라는 식으로 말하는 경우는 거의 없다. 오히려 여자들은 "노르만, 당신은 멍청이야"라고 말할 가능성이 훨씬 더 높다.

테스토스테론 압박에서 자유로운 사내는 아무도 없다. 예전에 내가 뉴욕 시에 갔을 때 위대한 사내이자 위대한 작가이고,

내가 아는 한, 가장 문명 개화되고 예의바르고 점잖은 사람인 캘빈 "버드" 트릴린이 모는 차에 탄 적이 있다. 그는 다른 운전자들이 주차장에서 빠져나오길 기다리고 있었다. 한 운전자가 차를 몰고 우리 옆을 지나치기 시작할 때, 나는 이 운전자가 그냥 지나치려는 거라고 생각했고 버드의 아내 엘리스도 그렇게 생각했다. 하지만 버드는 그 운전자가 자기의 주차공간에 앞질러 차를 대려는 것이라고 확신했기에 크락션을 울리며 화난 몸짓을 지어보였다. 이것은 앨리스와 버드 사이에 다음과 같은 대화를 불러왔다.

앨리스: 버드, 그는 그냥 지나가고 싶은 거야.

버드: (목소리를 높이면서) 저 자식은 새치기꾼이야, 앨리스. 그는 내 자리를 원한다구!

다행히도 그 운전자는 계속 앞으로 갔다. 이건 버드가 그를 쫓아갈 필요가 없었다는 뜻이다. 그 자리에서 버드는 영토욕을 적나라하게 과시했는데, 이것은 그 연원을 따져보면 원시시대까지 거슬러올라간다. 원시시대 당시에도 사내들은 수렵과 어로, 침밭기 등등을 할 수 있는 공간을 갖기 위해서 일정량의 토지를 필요로 했다. 물론 여기는 맨해튼 주 상동군(Upper East Side)이어서 주차장이 반드시 사냥감으로 넘쳐난다고 보기는 힘들다. 오히려 넘쳐흐르는 건 말보로 담배꽁초다. 하지만 사내들에게 영토는 영토이기 마련. 수컷 개들로 하여금 오줌을 누어 자신의 영토를 표시하게 만드는 것과 똑같은 강한 본능이 버드를 강타한 것이다. 수컷 개에게 무엇이든—맥킨리 산이든, 고비 사막이든, 판테온 신전이든— 보여줘보라. 그놈의 즉각적인 반응은 "헤이! 난 우선 여기에 오줌부터 갈기고 볼 거야!"일 것이다. 당신집 수캐는 기본적으로 자기가 충분히 넓은 영토에 충분히 많은 오줌을 눈다면, 지구 전체에서 최우량종의 수컷개로 임명받아 상장과 죽은 다람쥐 가죽으로 만든 가방 같이 다른 모든 개들이 부러워하는 부상을 받게 되리라고 굳게 믿고 있다.

미국의 대외정책을 결정하는 본능 또한 기본적으로 이와 다르지 않다. 다만 외국 국가들에 오줌을 누는 대신, 우리가 그들에게 돈을 주거나 폭격을 가하거나, 아니면 둘 다를 동시에 한

다는 것만 빼고는.

따라서 우리는 테스토스테론이 대단히 파괴적인 형태의 마초 행위들을 불러올 수 있으며, 그 중 두 가지 최악의 행위가,

1. 전쟁
2. DIY(손수 하기) 프로젝트

란 사실을 알 수 있다.

테스토스테론 수치가 그다지 높지 않은 남성이라도 자기 혼자 힘으로 뭔가를 할 수 없다는 사실을 특히나 자기 배우자에게 인정하느니, 차라리 드릴로 자신의 손바닥에 구멍을 내고 말리란(실제로도 틀림없이 그럴 것이다) 건 널리 알려진 사실이다. 평범한 남편 한 사람을 우주왕복선에 태워보라. 그러면 몇 분 안 가 그는 자기 아내에게 우주선의 역분사 제어 모듈을 자신이 직접 수리할 수밖에 없겠다고 말할 것이다. NASA를 부르면 엄청난 거금을 요구할 게 틀림없다고 하면서. 나 역시도 맥가이버의 손재주를 자랑함에도 불구하고 테스토스테론으로 인한 걷잡을 수 없는 노고, 즉 완벽하게 멋진 방들을 수리하는 노고를 불사함으로써 완벽하게 멋진 방들을 무수히 망가뜨린 전력을 가지고 있다. 지금으로부터 몇 백년 후의 고고학자들은 나의 집수리 프로젝트를 살펴보고 이렇게 말할 것이다. "이 문명은 스팩클(벽의 구멍이나 틈을 메울 때 쓰는 플라스틱 풀—옮긴이)을 포함한 끔찍한 자연재해로 몰락한 게 분명해."

우리는 이 책의 뒷부분에서 이런 주제들 중 일부에 대해 더 자세히 탐구할 것이다. 하지만 내가 여기서 지적하려는 건 우리가 사내다운 방식으로 행동하는 사내들을 볼 때, 그들을 너무 가혹하게 비난해서는 안 된다는 것이다. 우리는 그들을 자연계의 다른 생물들, 예를 들면 뱀을 보는 것과 같은 시각에서 보아야 한다. 그들이 문명화된 세상과 맞지 않거나 문명화된 세상을 초토화하는 듯이 보이는 일들을 저지르는 건 사실이지만, 이건 그들의 죄가 아니다. 그들은 몇억만년 전에 그들에게 심겨진 유전요소를 따르고 있을 뿐이다. 그러니 우리가 그들을 인내하고 이해한다면, 다시 말해 '그들을 움직이는 원인'이 무엇인지 우리가 이해한다면, 우리는 그들의 행동방식을 수정하여 좀더 현대사회에 '부합하도록' 만들 수 있다.

그런데 내가 말하는 건 뱀의 경우에 그렇다는 것이다. 사내들의 경우는 희망이 없다.

사내에 관한 **세 번째 보고서**

사내의 사회적 발달

비난받을 건 자연만이 아니다

이제까지 나는 광범한 과학 자료들을 이용하여[1] 왜 사내들이 사람답게 놀지 못하고 그렇고 그런 식으로 노는지 그 배경을 이루는 유력한 생물학적 이유들을 밝혀냈다.

하지만 사내다운 행동방식을 결정하는 데는 사회 역시 일조를 아끼지 않는데, 이 과정은 탄생하는 바로 그 순간부터 시작된다. 조막만한 사내아기가 아직 엄마 몸에서 완전히 빠져나오기도 전에 의사는 산모에게 아기가 사내애라고 일러준다. 그러면 그녀는 어머니가 되는 기쁨의 고전적 표현으로 "아구구구 ~ 나 죽네"라고 대꾸한다. 그녀가 그다지 환호작약하지 않는 건 아기가 지금 빠져나오고 있는 육질 터널에 비해서 몸집이 작지가 않기 때문이다. 물리현상면에서 엄밀하게 규정하면 출산이란 컨테이너 트럭을 몰고 자전거 튜브 속을 지나는 것에 비유할 수 있다.

하지만 내가 지적하려는 건, 남자아이들이 바깥세상 속으로 아직 채 들어서지도 않은 그 시점에서조차 남자아이들은 자기 부모, 특히 자기 아버지가 그를 다루는 방식으로 인해 사내다움이라는 교리를 주입받기 시작한다는 점이다. 일부 아버지들은 당장 분만실에서부터 자기 아들에게 공 잡는 법을 가르치기 위해 아들을 공 삼아 엉거주춤한 자세로 시범을 보이기도 한다. ("애야, 안 돼! 공은 언제나 배꼽에서 멀리 떨어진 자세로 받아야

1_요청하면 언제라도 열람 가능함.

돼!") 이 과정은 사내아기가 집에 올 때까지 계속된다. 그런 다음 집에 오고 나면 그의 부모는 구태의연한 남아용 장난감 한 무더기를 가지고 놀라고 그에게 준다. 오늘날에조차도 남자아이들에게는 대체로 트럭이나 비행기, 기차처럼 힘과 지배를 강조하는 장난감들이 주어지는 반면, 여자 아기들은 대체로 백치미와 젓가락 다리가 특징인 16등신 바비 인형처럼 양육과 희생을 강조하는 장난감들을 받게 된다는 건 유감스런 일이지만 사실이다.

이 때문에 판에 박힌 고리타분한 함정에 빠지는 걸 피하기가 어렵다. 우리 아들 롭이 태어났을 때 내 철학은, 아이에게는 정치적으로 정확하고 환경적으로 건전하며 성적으로 중성(中性)적인 장난감을 주어야 한다는 것이었다. 전혀 위험하지 않은 나무나 일회용 이쑤시개처럼 녹말가루로 만든 팽이 같은 것들 말이다. 그래서 생전 처음으로 자식을 위해 한 대형 장난감 가게에 갔을 때, 솔직히 말하지만, 나는 이런 노선에 따르는 것만을 사주기로 단단히 마음먹고 있었다. 하지만 다시 한번 솔직히 말하면 내가 그 당시 실제로 구입한 것은 무선 조종 탱크였다. 지금 생각하면 무척 황당하지만, 다시 한번 솔직히 말해, 그 당시에는 별다른 문제의식 없이 그렇게 했다. 나로서도 어쩔 수가 없었던 것이다. 그건 진짜 쌈빡한 탱크였다. 거기에는 진짜 탱크 체인과 실제로 작동하는 포탑이 붙어 있어서 동전 맞추기를 할 수도 있고, 책이나 베개, 혹은 기본적으로 수박 정도의 운동 기능밖에 못 가진 어린 아기여서 직접 이 탱크를 조작할 수는 없는 내 아들 롭을 비롯하여 다양한 장애물들을 타넘을 수 있었다. 나는 롭을 위해 그 탱크를 조작해야 했는데, 모든 기회를 활용해 그렇게 했다. 왜냐하면 침을 흘리는 양이 늘어나는 걸 봐서 알 수 있듯이 그 아이도 그것을 즐기는 것 같았기 때문이다.

이것은 그 아이가 전기 기차도 좋아한다는 것을 내가 알아낼 수 있었던 기준이기도 하다.

이렇게 해서 우리는 나처럼 식견 있고 사려깊은 부모조차도 남자아이의 사내화에 기여할 수 있다는 걸 알게 되었다. 하지만 어린 사내애들은 힘에 대한 광적인 욕구를 그냥 타고나는지라 질러가든 모로가든 그 결과는 같았으리라는 게 내 생각이다. 예를 들어 우리 롭은 아주 어릴 때부터 큰 트럭을 좋아했다. 그는 "큰"이나 "트럭"이란 말을 발음할 수 있기도 전부터 그런 것을 좋아했다. 그래서 그 애가 큰 트럭을 보았을 때, 그 애는 "크트르" 비슷한 말을 외쳤다. 그 애가 그 말을 여러 번 반복했던 건 그것에 사로잡혔기 때문이다. 그 애의 눈에는 트럭들만 비쳤다. 어느 해 크리스마스 직전, 골목골목마다 울리는 산타클로스의 종소리와 산지사방에서 들리는 캐럴 소리를 배경으로 해서 웅장한 마천루 아래 휘황찬란하고 알록달록하게 장식된, 맨해튼 시내 한복판의 가게들을 지나가고 있었는데, 롭의 주의는 오로지 쓰레기 트럭에만 사로잡혀 있었다.

"크트르" 그 애는 그 트럭을 가리키면서 내게 말했다.

"크트르!" 그 애는 지나가는 사람 아무한테나 그 점을 일깨워주었다.

"크트르!" 그 애는 세상 전체에다 선언했다. 누군가 불운한 사람이 이 놀라운 사실을 미처 깨닫지 못할 경우를 대비하여 무려 1,753번이나 그 말을 되풀이하면서. 덕분에 나는 이 헐크의 집요함에 재삼재사 탄복하면서, 또 이 헐크가 가르쳐주는 새로운 외계어를 재삼재사 따라하면서("그래, 맞아! 크트르!") 무려 15분 동안 그 추위 속에 서 있어야 했다.

그런 다음에 온 것이 공룡 단계였다. 롭은 그가 트럭을 좋아했던 것보다 훨씬 더 많이 공룡을 좋아했는데, 나는 그 화석화된 자취들로 아직 신비에 싸인 우리 지구의 풍부한 생물학적 역사에 대해 우리에게 많은 것을 가르칠 수 있는 매력적이고 다양한 생물이 공룡이기 때문에 그러했다고는 생각하지 않는다. 나는 공룡이 싸구려 피자보다 더 납작하게 적을 짓밟을 수 있기 때문에 그 애가 공룡을 좋아했던 거라고 생각한다. 강한 힘, 공룡이 상징하는 바가 바로 이것이다. 단 여기서 말하는 공룡은 공룡 일반이 아니라 섬뜩한 발톱과 억센 턱을 가지고 12미터나 되는 키에 거대한 덩치를 가진 생물, 모든 다른 생명체들에 대해 압도적인 신체적 우위를 자랑한 생물, 자신이 원하지 않으면 굳이 자러 가지 않아도 되는 생물이다. 덕분에 나는 무수한 주말 밤을 필사적으로 잠들려고 했지만, 키는 작지만 사납게 으르릉거리며 공갈 젖꼭지를 흔들어대는 티라노사우르스 렉스가 자신은 전혀 피곤하지 않노라고 선언하면서 온 집안을 휘젓고 다니는 바람에 피곤에 전 무수한 주말 밤들을 보내야 했다.

따라서 나는 롭이 힘과 지배를 상징하는 장난감들에 흥미를 보인 건 불가피했다고 생각한다. 그런데 분명히 해두고 싶은 건, 어떤 형태의 무기도 지녀본 적이 없는 기본적으로 비폭력적인 사람인 내가 그 애에게 장난감 권총을 사주거나 한 적은 정말 한 번도 없다는 점이다. 그렇다고 그 애가 장난감 권총을 전혀 가지지 않았다는 이야기는 아니다. 사실 그 애가 만 4살이 되었을 때, 그 애에게는 프랑스 크기의 장난감 왕국을 정복하고도 남을 만큼의 장난감 권총들이 있었다.[2] 나는 그것들이 어디서 왔는지 모른다. 그것들은 우리 집과 비폭력적이면서 아들 가진 내 모든 친구들 집에 그냥 나타났다. 내 보기에는 아마도 권총 요정이 어린 남자아이가 사는 집을 밤에 몰래 찾아와 건전지로 작동하는 핵사 광선총을 곳곳에 뿌려놓고 간 게 아닐까 싶다.[3]

어린 사내아이들을 겨냥한 텔레비전 만화영화들 역시 일개 부모의 미약한 힘으로는 어쩔 수가 없다. 그것들은 올해의 우량 돼지 크기의 이두박근을 가진 등장인물들과 '오소리 생식선 사령관' 이니 '정의의 강주먹 부하' 니 하는 이름들로 그야말로 떡칠을 하고 있다. 정부 규제기관들과 아동 심리학 전문가들에게 잘 보이려는 노력으로 이 만화영화들은 인종 평등과 생태문제와 비폭력 같이 시대적 관심사들을 포함하는 체하지만, 기실 거의 언제나 포함하는 건 마초 행동이다.

2_돌이켜 보면, 그는 진짜 프랑스도 점령할 수 있었을 것이다.

3_말할 필요도 없지만, 권총 요정은 절대 건전지를 떠나지 않는다.

생식선 사령관: 오호, 상사, 우리가 손님을 맞게 된 것 같은데!

스테로이드 상사: 그건 폴루토 별에서 온 악당 탄저병입니다! 환경이야 어찌되든 전혀 신경 안 쓰는 놈이죠! 그리고 그에게는……

탄저병(사악한 목소리로): 맞았어! 이 멍청이들아! 내게는 죽음의 탄화불소 원자를 내뿜는 대형 헤어스프레이 용기가 있어. 나는 전 지구에 그것을 내뿜어 지구의 모든 생명체들을 몰살시킬 거야!

스테로이드 상사: 아니! 그건 그렇다면……

탄저병: 맞아! 그건 점박이 올빼미의 멸종을 뜻하지! 하하하!

생식선 사령관 : 우린 그를 막아야 해! 가능하다면 최대한 비폭력적인 수단을 써서! 이봐, 탄저병! 이성을 되찾게!

탄저병: 웃기고 자빠졌네!

생식선 사령관: 좋아, 그렇다면! (사령관, 똥을 쏘아 탄저병을 물리친다.)

스테로이드 상사: 휘유! 이걸로 끝났군요!

생식선 사령관: 그렇네! 모든 생물이 중요해. 이것이 우리가 지구별을 지켜야 하는 이유야. 가능하면 재활용하고 정성이 들어간 영양식을 먹어야 하는 이유도 여기에 있고. 이 프로그램에서 무작스럽게 광고해대는 아침 시리얼을 포함해서 말이야!

스테로이드 상사: 그건 그야말로 완벽한 아침식사의 본보기죠! 그런데 우리 만화영화의 등장인물들을 본딴 액션 모델들은 장난감 가게 어디서나 구입할 수 있어요! 따로도 팔아요!

생식선 사령관: 그것들을 모두 모아보세요! 대표적인 액션모델로

말하면, 여기 누가 왔는지 보세요! 토큰 상병입니다!

토큰 상병: 그렇습니다! 내가 아프리카계 미국인이란 걸 잊지 마세요!

생식선 사령관: 그리고 여자 대령도 있어요!

여자 대령: 올빼미에 대해서 말하면, 제가 가진 올빼미들은 해부가 불가능하다는 걸 잊지 마세요!(일동 웃음)

이게 우리 아들이 보는 류의 프로그램이다. 그렇다고 개더러 텔레비전을 보지 못하게 했으면 막을 수 있지 않았겠냐고 말하지 마라. 현대 아동들은 텔레비전 세트라는 매체를 필요로 하지 않는다. 인류가 워낙 발전하다보니 아이들까지도 대기권에서 직접 방송파를 받을 수 있게 된 것이다. 이는 아이들이 설명서를 전혀 읽지 않고서도 비디오 기기를 작동시키고 디지털 시계를 설정하는 걸 보더라도 알 수 있다.

우리 아들은 무려 2년여 동안 "히맨He-Man"이라는 이름의 텔레비전 만화영화 주인공에 푹 빠져 지냈다. 그 애는 히맨이 그려진 침대 시트에서, 히맨이 그려진 속옷을 입고, 히맨처럼 잠을 잤다. 거기다 그애가 히맨에 나오는 온갖 액션 모델들을 수집하고 있었던 건 말할 것도 없다. 그것들은 자신들만의 특별한 능력을 나타내기 위해 다양한 방식으로 뒤틀린 모습을 하고 있거나 꼴불견으로 과장된 근육들을 자랑했다. 그리고 이 특별한 능력은 그 이름들로도 표현되었는데, 곤충 같은 날개를 가지고 있어서 날 수가 있었던 그것들 중 한 인물의 이름은 '애앵 날아' 씨이고, 등에 스컹크 같은 줄무늬가 있고 불쾌한 냄새를 내뿜는 또 한 인물의 이름은 '스킹크' 씨였다(이 액션 모델들은 절대 내가 지어낸 게 아니다).

그런데 이처럼 비판의식이 살아 있는 나 조차도 어느 날 정신을 차리고 보니 내 개인 연금에 집어넣는 것보다 더 많은 돈을 히맨 액션 모델들을 구입하는 데 집어넣고 있는 게 아닌가! 롭은 결단코 모든 모델들을 다 수집할 작정이었지만, 그건 당연히 불가능했다. 왜냐하면 내가 아무리 많이 사준다 해도 이것들을 만들어낸 사람들—그 놀라운 능력을 생각하면 나는 이들이 외계인이 아닐까 싶다—이 더 많이 만들어낼 테니 말이다. 나중에 가서는 롭이 이미 가지고 있는 것과 가장 원하는 새로운 것이 어떤 건지 구별해내기도 힘들어졌다. 그래서 크리스마스와 생일 무렵이 되면 대형 장난감 가게의 히맨 통로에서 그 엄청나게 다양한 액션 모델들의 종류에 머리를 벅벅 긁으면서 오랜 시간을 보내야 했는데, 그럴 경우 이따금 다른 부모들에게 자문을 구하기도 했다.

나: 실례지만, 팔뚝인간이 끈 달린 갈고리를 쏘아서 건물 같은 데 달라붙는 그건가요?

부모 2: 아뇨, 내가 알기로 팔뚝인간은 해골대왕과 한패인 것 같은데요.

부모 3: 아니, 그렇지 않아요. 팔뚝인간이 해골대왕과 같은 패일 리 없어요. 팔뚝인간은 좋은 놈이어서 히맨과 같은 편이에요.

부모 2: 그럼 해골대왕과 한패인 건 뭐죠?

부모 3: 거름엉덩인가 뭔가 하는 이름이었던 것 같은데요.

나: 걔가 한쪽 끄트머리에서 질척한 갈색 액체를 뿜어내는 걔인가요?

부모 2: 아뇨, 그건 벌레군주일 겁니다.

부모 3: 걔는 좋은 놈인가요?

부모 4: 아뇨, 그렇지 않을 걸요. 무서운 얼굴을 하고, 거대하고 육중한 갈고리 팔뚝을 가졌지만 녹은 버터를 겁내는, 그 머시냐, 그놈과 친구인 걸로 봐서요.

부모 5: 바다이가아재요.

부모 2: 우리 모두 술집에나 갑시다.

이게 우리가 했어야 할 일이었다. 그러나 마음 약한 부모였던 우리는 대신 더 많은 히맨 액션모델들을 사서 집에 가져왔

다. 덕분에 온 집안이 그놈들로 뒤범벅되고 말았다. 고개만 돌리면 그놈들이 있었다. 마루나 가구 위에 있는 건 기본이고, 커튼에 매달려 있기도 하고, 변기 위에 도전적으로 서 있기도 했다. 이 중 어떤 것도 마음대로 옮겨서는 안 되었다. 왜냐하면 롭은, 내 기억이 맞다면 3년간 지속된 액션모델들의 대규모 전투에서 각자가 맡은 역할을 하도록 조심스럽게 배치해놓았기 때문이다.

그 전투는 주로 롭이 4살짜리가 낼 수 있는 최대한의 저음으로 폭력만화 작가들에게 인기 있는 과장된 말투를 써서 서로를 향해 공격적인 대사를 퍼부어대는 히맨과 해골대왕 간의 대적으로 이루어진다.

해골대왕: 히맨, 네 놈은 죽을 수밖에 없어. 그러면 회색해골성은 모두 내거야!

히맨: 천만에! (히맨이 해골대왕을 때려눕혀 3미터 거리에 나가떨어지게 하는데, 이건 액션 모델들의 크기로 치면 75미터에 맞먹는다.)

해골대왕: 두고 보자, 히맨! 반드시 복수할 테다!

히맨: 이렇게 말이지! (히맨의 주먹에 해골대왕은 또 한번 75미터 거리에 나가떨어진다.)

해골대왕이 온 우주에서 제일 나쁜 놈이긴 하지만, 그래도 나는 그가 좀 안됐다고 느꼈다. 그는 천문학적인 양의 벌을 받았다. 창문으로 내던져지기도 하고, 문 사이에 끼어 짜브가 되기도 했으며, 세바퀴 자전거에 치이기도 하고, 냉동실에서 꽁꽁 얼기도 했다. 혹은 롬의 야채쥬스 속에 빠뜨려지기도 했지만, 그는 언제나 더 많은 것을 구해서[4] 다시 돌아오곤 했다.

내가 여기서 지적하려는 건 남자아이들을 겨냥한 판매용 장난감들도 텔레비전 만화영화들처럼 남자아이가 이미 지니고 있는 공격 성향을 조장하는 경향이 있고, 이것이 왜 남자아이들은 숙련된 심리 전문가들이 '개망나니'라고 일컫는 행동을 하는데 그토록 많은 시간을 쏟아붓는가를 설명해줄 수 있다는 이야기다. 아니면 어차피 남자아이들은 일정 정도 개망나니 유전자를 타고나고, 장난감과 텔레비전 관련자들은 단지 이것을 이용하는 것일 수도 있겠다. 그 원인이야 여하튼 나는 많은 시간을 여자아이의 부모들을 부러워하며 보냈다는 사실을 고백하지 않을 수 없다. 내가 우리 아들과 걔의 친구들을 버거킹 햄버거 가게에 데려갔을 때, 어린 여자아이들이 앉아 있는 탁자를 보면 걔들은 그냥 미니 인간처럼 먹고 이야기하지만, 우리 아들과 걔 친구들은 어땠는 줄 아는가? 걔들은 입과 손 사이에 보이지 않는 신경 연결 체계를 가지고 있어서 주먹으로 치지 않고는 씹을 수가 없는 듯이 보이곤 했다. 덕분에 나는 걔들과 같이 식사할 때면 언제나 비전문가에게 안구 수술을 받을 때 느끼는 정도의 불안감과 초조감에 시달려야 했다.

4_더 많은 벌을 구해서란 이야기다. 더 많은 야채쥬스를 구해서가 아니라.

"서로 치고받지 마!"

내가 이렇게 말하면, 그들은 가만 있으려고 애쓰는데, 때로는 그것이 0.0014초만큼이나 오래 지속되는 데 성공하기도 한다. 하지만 그런 다음에는 치기 반사 신드롬이 그들의 여린 신경회로를 강타한다.

"치고받지 말라니까!" 내가 다시 한번 말하면,

그들은 "우린 안 치고받아요!"라고 대꾸한다. 치고받고 있으면서.

결국 나는 반쯤 씹다 만 햄버거 조각들을 입에서 내뿜으면서 고함을 지르고 만다. "너희는 여전히 치고받잖아! 난 너희가 치고받는 걸 보고 있다구! 이제 치고받는 건 그만두라니까! 그리고 밀크셰이크에 빨대로 부글거리는 것도 그만둬! 또 케찹 팩을 상대방에게 뿜어대는 짓도 그만하고! 그냥 먹으라구!!"

걔들은 미친 사람을 보는 것 같은 얼굴로 나를 쳐다본다. 걔들의 생각은, 요컨대 그냥 먹기만 할 거라면 식당에는 뭣하러 왔냐는 것이다.

그러면 나는 다시 어린 여자아이들이 둘러앉은 탁자를 건너다본다. 그 애들은 여전히 잡담을 나누면서 사려 깊게도 서로에게 냅킨 따위를 건네주고 있다. 그걸 보고 있노라면 왜 우리는, 아니 여성운동은 내 아들과 내 성(性)이 정부 등등을 지배하는걸 그냥 놔두고 있는지가 몹시 궁금해진다.

이 지점에서 여러분은 이렇게 말할 것이다. "데이브, 공정하게 말해서 사내아이들에게는 그냥 치는 것 이상의 것이 있다네. 걔들이 십대가 되어 생산적이고 독립적인 사회구성원으로서 자신의 역할을 받아들일 준비를 할 때가 되면 걔들은 자기들 개성 중 다른 여러 면들을 펼쳐보이기 시작하지. 예를 들면 트림하기와 방귀뀌기 같은 것들 말일세."

사실이다. 내 아동기를 되돌아보건대, 내 친구들과 나는 4학년에서 중학교 1학년까지 깨어 있는 시간의 어림잡아 75% 정도를 트림하고 방귀뀌는 데 쓰거나 다른 누군가가 트림하거나 방귀를 뀌면 숨이 넘어갈 듯 웃어대는 데 썼다. 우리가 이런 활동들을 지겨워하거나 하는 일은 절대 없어서, 그것들은 늘상 죽고 못살 만큼 재미있는 사건으로 우리를 강타하곤 했다. 내 친구 중 한 명인 해리 톰프킨[5]은 명령만 내리면 언제든지 트림을 하고 방귀를 뀔 수 있는 능력을 개발했는데[6] 우리는 이것을 소아마비백신의 발견보다 훨씬 더 위대한 업적으로 여겼다.

사실 보이스카우트에 대한 내 추억 중 트림하기와 연관되지 않은 건 없다. 나는 여러 해 동안 보이스카우트 대원으로 활동하여 마침내 2급까지 진급했지만, 모르스 부호나, 너구리가 식량을 훔쳐가지 못하도록 배낭을 줄에 걸어 매달아놓는 법이나, 솔방울들을 함께 비벼서 불씨 만드는 법이나, '부두일꾼 매

5_이봐, 해리, 자네가 거기 있다면, 난 자네가 연방판사 같은 건 되지 않았길 바라네.

6_"해리! 트림하고 방귀 껴!"가 그 명령어였다.

듭' 이니 '두겹친 매듭' 같은 이름의 중요 전술 매듭 묶는 법 같은 건 기억이 나지 않는다. 내가 기억할 수 있는 건 스카우트 야영 활동의 일환으로 숲에서 야영을 할 때 있었던 일이다. 새벽 1시 30분 경, 같은 텐트의 다른 사내애들 세 명과 함께 슬리핑백 속에 누워 있었지만, 약간이라도 졸리운 기미를 보이는 애는 아무도 없었다. 왜냐하면 우리는 모두들 400번씩은 듣고도 남았을 농담을 지껄이는 의식을 치르면서 즐거운 시간을 보내고 있었기 때문이다. 예를 들면 이런 식의 농담이다:

어느 날 사오정이 점심시간에 이어폰을 끼고 콧노래를 부르며 음악을 듣고 있었어.

그러자 사오정 짝궁인 손오공이 물었어.

"오정아! 너 지금 무슨 음악 들어?"

그런데 사오정은 대답이 없는 거야.

그래서 손오공이 다시 물었지.

"오정아, 너 지금 무슨 음악 듣냐고?"

그래도 사오정은 아무 대답이 없었어.

그래서 화가 난 손오공이 사오정의 어깨를 흔들어대며 큰소리로 물었어.

"사오정! 너 지금 무슨 음악 듣고 있냐니깐!"

그랬더니 사오정이 뭐라고 말했게?

(모두가 합창으로) "나 지금 무슨 음악 듣고 있게?"

(박장대소에 이어 "조용히 해!" "잠이나 자!"라는 고함소리가 스카우트대장 텐트에서 들려온다.)

그래서 우리는 되도록 조용히 낄낄거리려고 애쓰면서 그렇게 누워 있었는데, 우리 텐트에 있던 녀석 중 한 명이—틀림없이 몰래 싸가지고 온 허쉬 초콜릿과 폭탄과자를 콩통조림에 섞어 먹었기 때문일 테지만— 그의 배에서 일종의 가스 핵분열 반응을 일으켜,

뿌우우우우우우우우우웅~

소리와 화염이 그 희생양의 슬리핑백에서 발사되면서 텐트 벽이 격렬하게 바깥으로 팽창되는 바람에, 나머지 세 사내아이들인 우리는 죽음의 푸른 구름이 텐트를 뒤덮기 전에 달아나려는 필사적인 시도로 텐트 입구를 향해 돌진했다. 하지만 아직 슬리핑백 속에 들어 있던 채로 한꺼번에 텐트에서 빠져나오려고 했기 때문에, 밖에서 보면 그 텐트는 발광하는 녹색의 대형 애벌레를 낳고 있는 괴상한 외계 고치처럼 보였을 것이다.

"독가스 공격이다!" 나중에 들은 이야기지만 우리의 이 비명소리에 허쉬 초코바를 훔쳐가던 너구리가 놀라 그것을 떨어뜨렸다고 한다.

"조용히 하라니까!!" 스카우트 대장의 텐트가 소리쳤지만, 이제 완전히 통제불능이 된 우리는 바닥을 구르며 고함을 질러댔고, 덕분에 우리는 웃음과 방귀의 연쇄반응이 다른 텐트들로 번져가게 만드는 지도자 역할을 해냈다.

그런 점에서 보이 스카우트는 예나 지금이나 나를 확실히 지

도자로 키워주었다.

물론 내가 여기서 묘사하고 있는 건 십대 초반 사내아이들의 유머다. 사내아이들이 더 나이 들고 성숙해지면, 그들의 유머는 그들의 남은 여생 동안 실존의 중심점으로 남게 되는 근본적이고 보편적인 인간 주제, 즉 그들의 은밀한 기관들을 반영하게 되고 마침내는 그것들 주위에서만 맴돌게 된다.

사내들은 자신의 성기에 완전히 얼을 빼기고 만다. 여기에는 설명이 필요하지 않다. 다시 말해 여자들도 성기를 가질 수는 있다. 산부인과 과목 하나만 가지고 대형 병원 운영이 가능한 데서도 알 수 있듯이, 사실 여자들의 수십 가지 성기는 펼쳐놓으면 수 킬로미터에 이르고, 재생산이라는 괄목할 업적을 수행

할 수 있는 고도로 복잡한 생물학적 기관이다. 하지만 나로서는 여자들이 자신의 성기에 애칭을 부여하거나 그것을 유머의 주요 소재로 삼는 경우를 본 적이 없다. 하지만 사내들이라면 두 명만 모여도 성기 농담을 나누기까지 그리 긴 시간이 필요하지 않다. 설사 그들이 빌 클린턴이나 나처럼 대단히 고상한 사내들이라 할지라도 말이다.

여자들은 대체로 이런 류의 농담에서 쾌감을 느끼지 않는다. 그 이유가 뭔지 정확히는 모르지만, 그들 뇌의 상당 부분을 오로지 농담을 이해하고 저장하는 데 사용하는 사내들과 달리 여자들은 이런 용도에 할애하는 뇌 부분을 전혀 갖지 못한 게 그 원인이 아닐까 생각한다. 반면에 대부분의 사내들은 자기들 뇌의 많은 부분을 이 용도에 할애하는 나머지, 다른 용도의 경우는 그다지 여유가 없다. 그들이 초등학교 3학년 때 배운 농담은 기억하면서도, 자신의 부모 중 몇 명이 아직 생존해 계시는지는 1자리 단위까지 정확히 기억해내지는 못하는 이유가 여기에 있다.

사내들이 농담에 지대한 관심을 가지고 있다는 건 방대한 전세계 사내 초고속 농담 네트워크에 접속해보면 알 수 있다. 이것은 몇백만의 헌신적인 사내들로 이루어진 복잡한 국제단체로서, 그 구성원들은 새로운 농담을 듣는 즉시, 자신이 하던 일을 기꺼이 내려놓고—그것이 업무라면 특히나 더— 그 농담을 전세계의 다른 사내들에게 옮긴다. 물론 회사 비용으로. 이 사내들은 농담을 전파하는 데 막중한 책임감을 느끼고 있어서, 우주

왕복선 폭파사고나 새로운 대통령 취임과 같은 대형 재난 상황에 대처하여 농담을 만들어내고 전파하는 자신들의 능력을 무척 자랑스러워한다. 때문에 이런 사건들이 일어나면, 성폭행 살인 사건 빈발 지역에 젊은 여자들을 철수시키고 할머니들을 공수하는 방법 따위의 재난 관련 긴급 농담들을 전파하는 데 관심 있는 사내들이 모든 회선의 전화와 팩스와 모뎀과 인공위성 따위를 사용하는 바람에 미국 경제는 사실상 문을 닫고 만다. 1991년 7월, 제프리 다머가 교체선수들을 포함하여 미식축구팀 하나를 만들고도 남을 정도의 사체 부위들을 자신의 아파트에 감춰두고 있었다는 사실을 밀워키 경찰이 밝혀내고 나서 몇 분 지나지 않아 다머 농담이 전세계를 날아다니기 시작했다. 당신이 이 당시에 전화나 전기가 전혀 들어오지 않고 장거리 교신은 북을 가지고 이루어지는 아마존 열대우림의 오지에 갔더라면, 당신은 열대우림을 가로지르며 메아리치는 다음과 같은 교신을 들을 수 있었을 것이다.

첫 번째 북: 둥 둥 둥 둥 둥 둥. (이봐, 제프리 다머가 직업 바꾼 이야기 들었어?)

두 번째 북: 둥 둥 둥. (아니, 뭘로 바꿨는데?)

첫 번째 북: 둥 둥 둥 둥 둥.(시체 안치소 관리소장으로.)

두 번째 북: 둥. (오잉!)

세 번째 북: 둥 둥 둥! 둥 둥 둥 둥 둥! (이봐, 너희들! 회사 북 가지고 농담 따먹기 하는 것 그만둬!)

그럼 사내들은 왜 이렇게 할까? 왜 그들은 끔찍한 비극을 우스개로 만들까? 그들이 이런 비극들로 인한 인간 실존의 아슬아슬한 위태로움에 직면할 때 느끼지 않을 수 없는 고뇌와 두려움에서 벗어나기 위해서가 아닐까? 날 웃기지 마라. 사내들이 이렇게 하는 건 병이 들어서이다. 그들이 수녀에게 엉덩이를 까보이고, 애마부인의 원조인 암말에게 수작을 걸고, 결혼식 전날 밤을 꼬박 새면서 신랑의 자동차를 완전히 해체하여 그 행복한 커플의 14층 신혼 아파트에서 그것을 재조립하는 것이 재미있다고 생각하는 이유 또한 이것이다. 잊지 마라, 나는 사내들의 이런 류의 행동을 변호하는 게 아니다. 나도 그것이 유치하고 설득력 없다는 걸 안다. 그래서 나는 그냥 하나님이 보우하사 사내들이 좀이라도 어른이 되기만을 바랄 뿐이다. 나는 여러분 역시 그런 심정일 것이라고 믿기에, 43센티미터 고추로 물고기를 낚는 사내에 대한, 멍청하고 밥맛없는 농담으로 당신을 부담스럽게 만들지는 않을 것이다.[7]

7_너무 겁먹지 마라. 사실 그런 농담은 없다.

사내에 관한 네 번째 보고서

여성들을 위한 조언

사내와 관계맺는 법에 대하여

많은 여성들이 생각하는 것과는 반대로, 한 사내와 장기적이고 안정되고 친밀하고 상호충족되는 관계를 발전시키기란 그리 어렵지 않다. 물론 그러려면 이 사내는 사냥개 래브라도 리트리버종이어야 한다. 인간 사내로 말하면 그러기가 지극히 어렵다. 이건 여자들이 관계라는 용어를 가지고 의미하는 바를 사내들이 전혀 이해하지 못하기 때문이다.

로저라는 이름의 한 사내가 일레인이라는 이름의 한 여성에게 끌렸다고 해보자. 그가 그녀더러 영화를 보러 가자고 한다. 그녀가 받아들인다. 그들은 아주 좋은 시간을 갖는다. 며칠 후 그가 다시 저녁식사를 함께 하길 청하고, 그들은 다시 좋은 시간을 갖는다. 이렇게 그들은 거의 정기적인 만남을 계속해나가는데, 얼마 후면 두 사람 다 나머지 다른 사람들은 전혀 만나지 않게 된다.

그러다 그들이 차를 몰고 집으로 돌아오던 어느 날 저녁, 일레인에게 생각 하나가 떠오르고 일레인은 진짜 별 생각 없이 그것을 소리내어 말한다. "우리가 만나기 시작한 지가 오늘로 꼭 6개월째란 것 알고 있어?"

그러고 나면 차 속에는 침묵이 흐른다. 일레인에게는 왁자지껄한 소음처럼 느껴지는 침묵이. 그녀는 속으로 생각한다. '아차, 내 말이 그를 심란하게 한 건 아닌지 모르겠네. 어쩌면 이 남자는 우리 관계를 구속으로 여길지도 몰라. 어쩌면 이 사람은 원하지 않거나 자신할 수 없는 류의 부담을 내가 자기에게 지우

려 한다고 생각하는지도 몰라.'

그리고 로저도 생각한다. '하이고. 벌써 육개월이야?'

다시 일레인의 생각. '하지만, 잠깐만, 나도 내가 이런 관계를 정말로 원하는지 확신이 안 서. 이따금 혼자 있고 싶어하잖아. 우리가 지금처럼 계속 가는 걸 내가 정말로 원하는지 생각해볼 시간을 갖기 위해서 말야…… 다시 말해 우리가 어디로 가고 있냐는 거지. 우린 그냥 이 정도 관계선에서 계속 만남을 유지하게 될까? 아니면 결혼을 향해가는 걸까? 아이를 향해, 인생의 동반관계를 향해? 그럼 나는 그런 정도의 관계를 감당할 준비가 되어 있는 걸까? 내가 이 사람을 정말로 알고 있기는 한 걸까?'

그리고 로저의 생각. '……그렇다면 그건…… 어디 보자…… 2월부터 우리가 만나기 시작했구나. 내가 딜러에게서 차를 사고 난 직후에. 그렇다면 그건…… 그동안 몇 킬로미터나 달렸는지 확인해봐야 한다는 건데…… 으악! 엔진오일 갈 때가 훨씬 지났잖아!'

일레인도 생각한다. '이 남자는 화 났어. 얼굴을 보면 알 수 있지. 아냐, 어쩌면 내가 완전히 잘못 해석하는 건지도 몰라. 어쩌면 그는 우리 관계에서 더 많은 것을 원하는지도 몰라. 우리 관계가 더 가까워지고, 더 헌신적이기를. 어쩌면 이 남자는 나 자신이 알아채기도 전에 내가 뭔가 주저한다는 걸 느꼈을지 몰라. 그래, 바로 그거야. 그래서 이이가 자기 감정을 털어놓길 주저하는 거야. 거절당할까봐 겁나는 거야.'

로저도 여전히 생각 중이다. '그리고 그 사람들더러 트랜스미션도 다시 보라고 해야겠군. 그 멍청이들이 뭐라든 상관없어. 그게 아직도 제대로 돌아가지를 않는단 말이야. 이번에는 걔들도 추운 날씨 탓을 하지 않는 게 좋을 걸. 날씨가 추워서 그렇다고? 섭씨 23도인데, 이놈의 것은 빌어먹을 똥차처럼 돌아가잖아. 그런데도 나는 그 멍청이 해삼 말미잘 같은 놈들한테 600달러나 줬다구!'

그리고 일레인도 계속 생각 중이다. '이 남자는 진짜 화 났어. 그래도 난 이이를 탓할 수가 없어. 나도 화가 나는 걸 뭐. 맙소사, 그를 이런 상황에 처하게 하다니 정말 못할 짓을 했어. 하지만 내 감정이 그런 건 나도 어쩔 수가 없어. 난 그냥 확신이 안 서.'

여전히 생각 중인 로저. '그놈들은 보증기간이 90일밖에 안 된다고 주장하겠지. 맞아, 그놈들은 틀림없이 그렇게 주장할 거야, 빌어먹을 자식들.'

일레인 또한 여전히 생각한다. '어쩌면 나는 멋진 기사가 하얀 백마를 타고 나타나기를 기다리는 이상주의자일지도 몰라. 이렇게 완벽하게 괜찮은 사람 옆에 앉아 있으면서 말야. 이 사람은 내가 같이 있고 싶어하고, 내가 진심으로 마음이 가고, 내게 진심으로 마음이 있는 사람인데 말야. 게다가 자기 중심적이고 여고생 같이 유치한 내 환상 때문에 아픔을 겪고 있는 사람이기도 하고.'

다시 로저는 생각한다. '보증기간이라구? 보증기간이 필요하다고? 내가 그 빌어먹을 보증기간을 주지. 지네들의 보증기간을 뺏아서 그걸……'

"로저." 일레인이 소리내어 말한다.

"응?" 로저가 놀라 반문한다.

"제발 그런 식으로 자신을 괴롭히지 마." 그녀의 눈에는 어느새 눈물이 글썽인다. "내가 그러지 말았어야 했는데…… 오, 하느님, 정말 미안해……" (그녀는 무너지듯 흐느낀다.)

"응?"

"난 정말 바보야. 그러니까 기사 같은 건 없다는 건 나도 알아. 나도 잘 알고 있어. 그건 어리석은 환상이야. 기사는 없어. 말도 없고." 일레인이 흐느끼며 말한다.

"말이 없다고?"

"너도 내가 바보라고 생각하지?"

"천만에!" 마침내 정확한 대답을 알게 된 것에 기뻐하며 로저가 확실하게 대답한다.

"단지 난…… 그러니까 말이지…… 난 시간이 좀 필요해."

(로저가 최대한 빨리 머리를 굴려 안전한 대답을 찾아내는 동안 15초간의 공백이 필요함. 마침내 그가 쓸만하다고 생각되는 답변을 골라낸다.)

"그래."

(크게 감동받은 일레인, 그의 손을 잡는다.)

"오, 로저, 정말 그렇게 생각하니?"

"그렇게라니?"

"시간에 대해서 말이야."

"아, 그래."

(일레인이 얼굴을 그에게로 돌려 그의 눈을 그윽히 들여다보자 로저는 그녀가 다음에 할 말이 특히나 말과 관련된 것일 경우 어떻게 해야 할지 몹시 전전긍긍해한다. 마침내 그녀가 가만히 말한다.)

"로저, 고마워."

"너도 고마워." 로저가 속으로 한숨 놓으며 대답한다.

그후 그가 그녀를 집까지 데려다주자, 그녀는 침대에 누워 갈등하고 고문받는 영혼이 되어 새벽녘까지 흐느낀다. 반면에 자기 집으로 되돌아간 로저는 냉장고를 열어 캔맥주 하나를 따든 다음 텔레비전을 켠다. 그는 순식간에 이름도 들어본 적이 없는 두 체코슬로바키아 선수의 테니스 시합 재방영에 흠뻑 빠져들고 만다. 그의 마음 저 뒤편에서 울려오는 미약한 소리가 아까 차 안에서 뭔가 중요한 일이 벌어졌다고 그에게 환기시켜 주었지만, 그는 자신이 그런 걸 이해할 능력이 전혀 없다고 믿는 바인지라, 그것에 대해서는 생각하지 않는 편이 좋겠다고 마음 먹는다.(이것은 세상의 기아 문제에 관한 로저의 방침이기도 하다.)

그 다음날 일레인은 그녀의 가장 친한 친구에게, 아니 어쩌면 그런 친구 두 명에게 전화를 건다. 그들은 이 상황을 놓고 6시간 동안 중단 없이 이야기를 나눈다. 그들은 온갖 정성을 다해 그녀가 한 모든 말과 그가 한 모든 말들을 분석하고 또 분석할 뿐 아니라, 가능한 모든 해석들을 다 고려하면서 모든 말과 모든 표정과 모든 몸짓의 뉘앙스를 연구하고 또 연구한다. 이 토론은 6시간의 통화로만 끝나지 않고, 어떤 분명한 결론에도 이르는 일 없이 몇 주, 혹은 몇 달에 걸쳐 이어졌다 끊어졌다 하지만, 그렇다고 관련자 어느 누구도 지겨워하는 법은 없다.

그러는 사이 로저는 자기와도 알고 일레인과도 아는 친구 한 명과 라켓볼을 치게 되었는데, 서브를 넣기 전에 잠시 멈추더니 이마를 찡그리며 묻는다. "노르만, 일레인이 말을 가진 적이 있어?"

우린 여기서 파장의 차이에 대해서 이야기하는 게 아니다. 우린 전혀 다른 태양계에 속한 행성 간의 차이에 대해 이야기하고 있다. 일레인은 그녀가 오리와 의미 있게 체스를 둘 수 없듯이, 자신들의 관계에 대해 로저와 의미 있는 대화를 나눌 수 없다. 왜냐하면 로저가 이 특정 주제에 대해 생각하는 바는 오로지,

응? 이기 때문이다.

여자들은 이 사실을 받아들이길 대단히 어려워한다. 압도적인 반대증거들을 쌓아온 몇백만 년의 세월에도 불구하고, 여자들은 여전히 남자들이 일정 정도의 시간을 관계를 생각하면서 보낸다고 믿고 있다. 어떻게 그들이 그러지 않을 수 있단 말인가? 어떻게 한 사내가 날이면 날마다 밤이면 밤마다 다른 한 인간존재를 만나 무수한 시간을 함께 보내고 육체적으로도 깊은 관계가 되고서, 어떻게 한 사내가 이렇게 하고 있으면서도 그들의 관계에 대해서는 생각을 하지 않을 수 있겠는가? 이것이 여자들의 추론이다.

하지만 그들은 틀렸다. 여자와 관계를 맺고 있는 사내는 트럭 타이어 꼭대기에 서 있는 개미와 비슷하다. 개미 역시 의식의 밑바닥에서는 뭔가 거대한 것이 존재한다고 느끼지만, 이것이 뭔지나 자신이 그것과 맺고 있는 관계의 성격이 어떤 것인지는 흐릿하게조차도 이해하지 못한다. 그리고 트럭이 움직이기 시작해 타이어가 구르기 시작하면 개미는 중요한 무슨 일이 일어나고 있다고 느끼겠지만, 서 있던 타이어 부분이 밑바닥에 이르러 자신이 자그만 검은 얼룩으로 짜부러지는 바로 그 순간까지, 그의 눈꼽 같은 뇌에서 이루어질 명확한 생각은 보나마나,

응?

일 것이다.

그리고 로저가 일레인의 여동생을 초대하는 것 같은 사소한 배신의 끝없는 시리즈 중 하나를 저질러 일레인이 그에게 불같이 화를 냈을 때 로저가 생각하고 있던 바 또한 이것이다. 사내들이 관계에서 이런 배신을 항상 저지르는 건 그들에게는 특별한 관계라는 의식이 전혀 없기 때문이다.

그렇게 되면 일레인은 친한 친구들에게 물을 것이다. "그 사람은 어떻게 그럴 수가 있지? 그는 대관절 뭘 생각하고 있는 거야?"

대답은, 그는 아무 생각도 하고 있지 않다는 것이다. 여자들이 뜻하는 생각이란 의미에서는. 그는 그럴 수가 없다. 그의 뇌는 그런 걸 하게 되어 있지 않다. 그는 사내의 뇌를 가지고 있는데, 이것은 기본적으로 분석적이고 문제해결적인 기관이다. 그것은 명확하고 잴 수 있고 구체적인 것을 좋아한다. 그것은 사랑이니 필요니 믿음이니 같이 애매하고 부정확한, 관계를 뜻하는 개념들을 만나면 마치 물이 기름을 만난 것처럼 떨떠름해한다. 만일 그 사내의 뇌가 다른 사람에 대해 뭔가 견해를 가져야 한다면, 그것은 그나 그녀의 방어율처럼 그 사람에 대한 구체적인 것에 근거해서 견해를 정하는 쪽을 선호한다.

이 때문에 사내의 뇌는 관계를 이해하는 데 그리 적합하지가 않다. 하지만 기술적인 문제들을 분석하고 해결하는 데는 능숙하다. 예를 들어 집을 가진 한 부부가 그 집을 팔기 위해 칠을 다시 하려고 하면, 이 프로젝트를 관장하는 쪽은 십중팔구 사내가 된다. 그는 방법론적으로 필요한 측정을 하고, 전체 표면적을 구하고, 페인트 한 통당 칠할 수 있는 넓이를 구한다. 그런 다음에는 자신의 타고난 분석적이고 수학적인 자질을 발휘하여 집을 칠하지 않아도 되는 그럴듯한 변명거리를 생각해내는 문제에 몰두한다.

"날씨가 너무 습해"라거나, "내가 책에서 읽었는데, 집을 살 가능성이 높은 유망 구매자는 외관이 낡아보이는 집에 더 많이 끌린다고 하더군"이라고 하면서. 사내들은 이런 류의 문제해결에 그냥 재능을 타고난다. 이것이 연방예산 손실분을 처리할 책임을 지는 게 언제나 사내들인 이유이다.

하지만 내가 말하려는 건 당신이 여자이고, 사내와의 관계를 성공적으로 유지하고 싶다면, 다음 몇 가지 충고를 반드시 기억하라는 것이다.

1. 당신과 그가 부부관계라는 사실을 사내가 이해하고 있다고 추정하지 말 것.

사내들은 이 사실을 자력으로 깨닫지 못할 것이기에, 당신은 일상대화들 속에서 그것을 계속해서 교묘하게 언급함으로써 그의 뇌에 새겨지도록 해야 한다. 이렇게 말이다.

· "로저, 우린 부부 사이인데, 내게 저열량 슈가 좀 건네주면 안 될까?"

· "일어나봐, 로저! 우리집 서재에 도둑이 들었어! 우리가, 그러니까 당신과 내가 부부로 사는 이 집에 말야."

· "로저, 좋은 소식이야. 산부인과에 갔더니 우리가 넷째를 갖게 될 거래. 이건 우리가 부부 사이란 걸 말해주는 또 다른 증거인 거지."

· "로저, 이 비행기가 충돌해서 우리가 살아 있을 시간이 1분밖에 남지 않은 이 시점에서 난 당신이 53년간의 결혼생활을 우리가 멋지게 함께 보냈다는 사실을 알길 바래. 확실한 부부관계로서 말이야."

여성들이여, 절대 포기하지 말고 이 개념을 무작스럽게 쏟아부어라. 그러다 보면 결국 그 개념이 사내의 두뇌를 뚫고 들어가기 시작할 것이고, 그러면 어느 날엔가는 그가 자력으로 그것에 대해 생각하기 시작할 것이다. 말하자면 다른 몇몇 사내들과 여자 이야기를 나누던 그가 뜬금없이 이렇게 말하리란 것이다. "일레인과 나는, 우리는 그러니까…… 에, 그러니까, 뭐더라…… 하여간 우린 그래."

그는 이렇게 진지하게 부부 사이란 걸 나타내려고 할 것이다.

관계 쌓기의 다음번 조언은 이것이다.

2. 사내가 성급하게 충실해지리라고 기대하지 말 것.

여기서 '성급하게'란 말은 '당신이 살아 있는 동안에'란 의

미다. 사내들은 헌신하는 것을 전혀 달가워하지 않는다. 이건 그들이 준비되지 않았다고 느끼기 때문이다.

"미안해, 하지만 난 한 여자에게 헌신할 준비가 되어 있지 않아." 사내들은 영원한 미준비 상태에 있다. (반면에 남자들이라면 '준비된 대통령'도 될 수 있고, '준비된 건달'도 될 수 있다.) 만일 사내들이 칠면조 가슴살이라면, 7월 4일날 당신이 그들을 350도 오븐에 집어넣는다 해도, 그들은 11월 하순의 추수감사절이 되어도 익지 않을 것이다.

여자들은 이 점을 이해하기가 어렵다. 여자들은 자문한다. '사내들은 어떻게 십년 넘는 세월 동안 보고 지냈던 여자, 그와 공존할 수 있음이 명백한 여자에게 영원히 충실해질 "준비가 되지 않았다"고 말할 수 있지? 한번은 초까지 포함해서 생일케익을 통째로 먹고난 그의 개가 배에서 천둥 같은 소리를 내기 시작하다가 방귀를 붕붕 뀌어댈 때, 그 개를 그녀의 차에 태워 수의사에게 데려간 덕분에 향후 5년간 종합운동장 화장실 같은 냄새를 피울 차를 타야 할 그런 여자에게 어떻게 이 사내는 아직도 "준비가 안 됐다"고 말할 참인 거지? 게다가 어떻게 이런 사내가 7살의 앳된 나이에 자기에게 카드 한 장 보낸 적이 없는 〈캔사스시티 로얄스〉팀과 평생 죽고 못사는 열정적인 관계를 맺기로 작정할 수가 있었던 거지?'

많은 여자들은 문제가 집단으로서 사내들은 감정면에서 햄스터만큼밖에 성숙하지 않은 데 있다고 결론짓는다. 하지만 아니다, 그렇지가 않다. 사내보다야 햄스터가 훨씬 더 한 여자에게 지속적인 헌신을 바칠 수 있다. 특히나 그녀가 사내 햄스터에게 하루 두 번 먹이를 대주는 존재라면. 반면에 사내 역시 남녀관계에서 배우자가 대주는 먹이를 받아먹으면서 욕정이라는 바퀴를 돌리는 기둥서방 노릇이야 얼마든지 할 용의가 있지만, 헌신이라는 문이 닫혀 참된 동반자라는 쇠창살 감옥에 갇힐 것 같다고 느끼는 순간, 불확실성이라는 부엌 바닥을 후다닥 가로질러 준비미비라는 냉장고 뒤에 숨고 만다.[1]

이건 사내들로서는 자연스런 행동이다. 사내들은 기본적으로 심리학자들에게 '만일 내가 한 여자 것이 되면, 소속 없는 일부 사내들이 어디선가 나보다 더 재미를 볼까봐 불안해하는 증상'으로 알려진, 유전적 심리조건을 가지고 태어

1_나는 어디까지나 직업이 작가인 사람이다. 그러므로 이 비유를 실제로 흉내내는 일이 없기를.

난다. 모든 기혼 사내들이 모든 미혼사내들은 대형 온탕에서 나체의 세계적 패션모델들과 함께 히히덕거리며 노는 것을 포함하여 흥분과 스릴이 넘치는 삶을 살아가고 있다고 가정하는 이유가 여기에 있다. 하지만 사실 대다수 미혼 사내들에게 평일 저녁의 절정이라고 해봤자, 봉지에서 막 꺼낸 생라면을 먹으면서(이건 기혼 사내들의 경우에도 해당되는데, 다만 기혼사내들은 통계적으로 숟가락을 쓰고 끓인 라면을 젓가락으로 먹을 가능성이 훨씬 더 높다), 오존층 파괴 방지를 위해 헤어스프레이의 사용을 절제하라는 공익광고를 보는 것이 고작이다.

하여튼 이래서 사내들은 헌신하거나 행여 헌신으로 갈 수 있는 어떤 조치를 취하는 걸 심히 내키지 않아 한다. 이것이 한 사내가 한 여자와 데이트를 하고 나서 그녀가 정말로 마음에 든다는 걸 알았을 때, 자주 남은 여생 동안 그녀를 피하는 것으로 자신의 애정을 과시하는 이유이다.

이것이 여자들을 당혹스럽게 한다. 그들은 말한다. "난 이해할 수가 없어. 우린 멋진 시간을 보냈잖아? 그런데 왜 그가 전화를 안 하는 거지?"

그 이유는 사내들이 '사내표 단선 사고'를 활용해서 만일 자기가 그녀를 다시 불러내면 그는 그녀를 훨씬 더 좋아하게 될 것이고, 그러면 자기는 그녀를 다시 불러내게 되어 결국 그들은 사랑에 빠질 것이며, 그러면 둘은 결혼을 할 것이고, 그 후 아이를 가질 것이고, 그런 다음에는 손자들을 가질 것이며, 마침내는 은퇴하여 세계일주를 할 것이고, 그러면 남태평양의 그림 같은 해변을 손 잡고 걸으면서 자신들이 함께한 인생경험들을 회고하는 중에 세계적인 패션모델들이 우르르 다가와 대형 온탕에서 나체로 함께 즐기자고 초대를 해도 자신은 그럴 수 없다는 걸 안다는 데 있다.

이게 사내의 기본논리다. 그리고 그것은 사내와 성공적인 관계를 맺고 싶어하는 여성들을 위한 우리의 마지막이자 가장 중요한 조언으로 우리를 이끌어간다.

3. 사내더러 위협받는 듯이 느끼게 하지 마라.

사내들은 자신이 눈꼽만큼이라도 의무를 지게 될 조짐이 있으면 쉽게 위협을 느낀다. 따라서 당신은 사내들의 이런 불안을 비위협적으로 달래주는 방식을 배워야 한다. 특히나 다음 표에 제시된 것과 같은 위험상황들에서는.

상황	위협적인 대꾸	위협적이지 않은 대꾸
당신이 한 사내를 처음 만났을 때	"반가워."	"난 수녀야."
첫 번째 데이트에서 사내가 당신더러 장래 희망이 뭐냐고 물었을 때	"잠시 직장을 다니다가 결혼해서 아이를 갖는 것"	"위스키 한 잔"
멋진 데이트를 즐기고 나서 사내가 당신더러 다시 만나주겠냐고 물었을 때	"그럼."	"좋아, 하지만 난 살 날이 3개월밖에 안 남았다는 걸 잊지 마."
목사나 신부가 부자일 때나 가난할 때나 아플 때나 건강할 때나 어쩌구저쩌구 하여간 죽음이 당신들을 갈라놓을 때까지 이 남자를 남편으로 받아들이겠냐고 물었을 때.	"예"	"음, 그럼요, 하지만 말 그대로는 아녜요."

사내에 관한 **다섯 번째 보고서**

사내 문제들

사내의 아픔, 사내의 고뇌,
그리고 남자화장실

사내들이 겪는 가장 큰 문제 중 하나는 많은 사람들이—여기서의 사람들은 여자들을 말한다— 사내들은 아무런 문제도 겪지 않는다고 생각하는 것이다.

"사내들이 어떻게 문제를 겪을 수 있겠어?" 여자들은 들리지 않는 볼멘 목소리로 늘상 이렇게 말한다. "사내들은 부부관계가 어떻게 되든 신경 안 쓰잖아. 창문이 어떤 샤시를 달고 있는지도 관심이 없고. 그들 눈에는 집안이 지저분한 것도, 아내가 임신한 것도 보이지가 않아. 얼굴에도 머리털을 갖기로 되어 있는 게 사내야.

그들은 평생 동안 기본적으로 같은 복장으로 지낼 수 있어. 일할 때도, 만찬 때도, 교회 갈 때도, 극장 갈 때도, 파티 갈 때도, 결혼식 갈 때도, 장례식 갈 때도 늘상 같은 복장으로 지내다가 그걸 입고 땅에 묻히는 거지. 사내들 양말은 모두 같은 색이니 짝을 맞출 필요도 없어. 그리고 사내들은 서서 오줌을 누니까 화장실이 아무리 더러워도 상관이 없고."

그렇다, 다른 특정 성(性)의 구성원들에게는 사내의 삶이 꽤 이상적으로 보일 수 있다. 하지만 겉보기엔 이렇게 천하태평인 사내들의 마음 저변에도 부글거리며 끓는 혼란과 아픔이 있다. 외부 관찰자는 이 점을 간파하지 못한다. 사내들 스스로도 이 점을 자각하지 못하는 경우가 대부분이고. 특히나 그의 마음이 스포츠 플레이오프 전에 몰두해 있을 때는.

하지만 그럼에도 불구하고 혼란과 아픔 따위는 분명히 있다. 왜냐하면 사내들은 오직 사내들만이 직면하는 특정 종류의 문제들, 〈오프라 윈프리 토크쇼〉[1] 나 〈샐리 제시 라파엘 쇼〉[2] 에서조차 한 번도 이야기된 적이 없는 문제들을 계속해서 처리해야 하기 때문이다. 내가 지금 말하는 건 대단히 심각한 문제들이다. 즉 악전고투하게 만드는 문제들, 극히 복잡한 문제들, 끔찍한 문제들, 나같이 숙련된 직업작가들조차 말로 표현하기 어려울 만큼 복잡다단하여 소화불량에 걸리게 만드는 문제들이다. 다만 내가 그렇게 하지 못한 건 진짜로 솔직하게 말해서 그게 어떤 문제들인지 여태 한번도 생각해본 적이 없기 때문이다. 그래서 나는 잠시 짬을 내 서재를 거닐면서 그것들을 생각해내고 있는 중이다.

아, 한 가지가 생각났다. 사내들이 직면하는 그 한 가지 심각한 문제란 바로 이것↓이다.

수리 문제

우선 사내라면 응당 갖기 마련인 호기심에서 별 생각 없이 공구점 안으로 걸어들어가 구부러진 뭔가를 손에 들고 있는 자신의 모습을 그려보라. 이 뭔가가 '베어링'일 수도 있지만, 당신으로서는 자신할 수가 없다. 그건 '사슬톱니'나 '개스캣', 심

1_오늘의 대담 주제: 나무와 섹스한 사람들.
2_오늘의 대담 주제: 자기 자식들을 먹고, 그런 다음 나무와 섹스한 사람들.

지어 '볼트' 일 수도 있다. 당신은 전혀 알 수 없다. 사실 당신은 이런 게 뭔지 알았던 적이 전혀 없다. 다만 당신은 기계에 대한 취향이 남성성의 한 성장단계—이를테면 어느날 당신이 깨어나 보니 겨드랑이에 짧은 머리칼들이 솟아 있었는데, 다음 날에는 깨어나보니 트랜스미션을 수리할 능력이 생겨 있는 식으로—라도 되는 것처럼 사내라면 자동으로 이해하기로 되어 있는 다양한 기계들 속에 자리잡고 있는 부품의 하나로 그것을 본 적이 있기는 하다.

그런데 불행히도 이런 성장단계를 밟은 적이 없는 당신은 기계들이 어떤 식으로 작동하는지 감조차 잡지 못한다, 이건 절대 밝힐 수 없는 우리네 사내들만의 극비사항이다. 당신이 마지막으로 해봤던 기계관련 작업은 목공소에서였는데, 책장을 만들려는 4개월간의 시도 끝에 당신의 셔츠를 톱으로 썰어 선반으로 만드는 데 성공했다. 당신이 자동차나 기계장치나 비행기나 아니면 변기 안에서 움직이는 장치들처럼 기계적인 뭔가를 살펴볼 때, 당신 눈에 들어오는 건 '부품들' 이라고만 이름 붙일 수 있는, 지저분한 잡동사니 덩어리일 뿐이다. 그리고 당신 눈에는 그 부품들 모두가 똑같아 보인다. 당신이 판단하기에 모든 기계장치들의 내부는 기본적으로 동일하다. 따라서 좀만 바꾸면 도요타 자동차도 사각 얼음들을 만들어낼 수 있고, 실내 변기도 CD를 틀 수 있으며, 아마나 냉동고도 3만7천 피트의 고도에서 날 수 있으리라는 게 당신의 확신이다.

하지만 당연히 당신은 자신이 이런 식으로 생각한다는 걸 누구에게도 말하지 않는다. 왜냐하면 당신도 대다수 사내들처럼 다른 사내들은 모두 기계장치를 잘 안다고 믿기 때문이다. 그 중에서도 제일 밥맛인 건 그들 중 일부는 실제로 그렇게 한다는 것이다. 당신이 심각한 기계 문제로 의심되는 문제를 겪고 있을 때 당신 집으로 불러들이지 않을 수 없는 사람들이, 대체로 '스티브'란 이름을 가진 이 사람들이다.

평상시의 당신은 기계 문제 따위는 무시하려고 애쓴다. 사실 평소에는 그것들이 존재한다는 사실조차 무시한다. 자신이 전혀 아무것도 고칠 수 없다는 사실에 직면하고 싶지 않기 때문이다. 세월이 지날수록, 특히나 결혼을 하고 난 후로 당신은 뭔가가 고장난 것이 명확한 상황에서도 전혀 그렇지 않은 체하는 데 고도로 숙달되어간다.

예를 들어 당신 아내가 현관문이 열리지 않는다는 사실을 알려준다고 해보자. 그녀가 그 문은 열려야 한다고 생각하고 있다는 건 그녀의 어조에서 확연히 알 수 있다.

"여보," 당신은 사내들이 자기 아내와 기계 관련 일들을 의논할 때 자기 배 속에 똥밖에 없다는 사실을 감추기 위해서 사용하는, 시건방진 말투로 퉁명스레 대꾸한다. "그건 본래 열리는 게 아냐. 이 특수문은 일종의 안전문이어서, 정해진 몇 년 동안 사용하고 나면 항상 닫혀 있도록 만들어진 거야."

혹은 아이들이 스위치를 눌렀더니 토스트기에서 불꽃이 확 솟더라고 할 때도 당신은 단호히 대처한다.

"이 녀석들! 내가 몇 번이나 이야기했어? 이 토스트기는 실내용이 아니고 실외용이라니까!"

하지만 가정에서 발생하는 수리 관련 문제들 중에는 그냥 무시해버릴 수 없는 것들도 있다. 어느 날 아침, 아이들이 토스트가 새까맣게 타는 것을 지켜보고 있는 동안, 당신이 거실쪽을 흘깃 돌아보니, 거실 마루가 땅바닥으로 완전히 꺼져 있었다고 해보자. 아무리 당신이라도 이것이 문제란 걸 부정할 수는 없다. 그러면 당신은 남자로서의 자존심을 유지하기 위해서 자신이 이런 상황쯤은 충분히 다룰 수 있는 체해본다.

당신은 본래는 당신 집 거실이기로 되어 있던 곳에 입을 딱 벌리고 있는 자갈 범벅의 거대한 구덩이를 내려다보면서 아내에게 말한다. "좋아, 도관용 방수테이프가 좀 필요하겠어."

하지만 당신의 이런 농담은 아무도 웃기지 못하고, 결국 당신은 모든 것을 접고 스티브에게 전화를 건다.

스티브는 트럭을 타고 도착한다. 그건 큰 트럭이다. 스티브 자신도 덩치 큰 사내다. 그의 팔뚝은 당신의 진동 안마의자보다 더 크다. 그는 당신 집으로 밀고 들어와(들어오는 도중 열리지 않던 현관문도 고치면서), 2, 3분간 당신도 알 만한 방식으로 문제상황을 일별한다. 그런 다음 그가 당신을 손짓하여 부른다.

"베리씨, 이것 좀 보세요."

이건 당신이 싫어하는 대목이다. 그들이 당신더러 뭔가를 보라고 할 때 그게 좋은 것이었던 적은 한번도 없다.

"여기를 보세요." 집의 한 부분을 아무렇게나 가리키면서 그가 말한다. "이거, 보이죠?"

당신은 이마를 찡그리며 그것을 쳐다본다. 스티브가 가리키는 게 정확히 집의 어느 부분인지 당신으로서는 도저히 알 수가 없다. 그건 '서까래'일 수도 있고, '벽'일 수도 있으며, '지붕들보'일 수도 있고, '창문'일 수도 있다. 그건 타이타닉호에서 가져온 방향키일 수도 있다.

"흐음~" 어쨌든 당신은 그의 문제의식에 동조하지 않을 수 없다.

"그래요, 문제가 있어요."

"무슨 문제가요?" 행여 당신이 이렇게 물으면, 스티브는 지금껏 자신이 만난, 아직 걸어다닐 수 있는 집주인들 중에서 이런 멍청이는 처음이라는 눈길을 슬쩍 보낸다. 이제 당신은 스티브가 오늘밤 유능한 사내들만 모이는 선술집에 갔을 때 그 패거리들에게 제공할 안주감으로 찍히고 말았다. 왜냐하면 스티브

같은 사내에게 이런 문제는 문제도 아니기 때문이다. 스티브 같은 사내는 이런 류의 문제라면 마취상태에서도 진단할 수 있다. 그래서 스티브가 당신에게 문제가 뭔지를 그가 할 수 있는 최대한 간단하고 분명하게 설명할 때 그의 목소리에는 당신이 당신 아내에게 안전문 개념에 대해 설명할 때 사용했던 것과 비슷한 시건방진 티가 확연하다.

"당신 집 마루 들보의 앞머리 덧태쇠가 석회화 되었소."

"나도 그런 것 같았소."

"그래요."

"고칠 수 있겠소?"

당신이 이렇게 묻자, 자기가 이 자리에서 상대하지 않을 수 없는 사람이 얼마나 얼간이인지 다시 한번 확인했다는 투로 스티브가 대답한다.

"음, 당연히 고칠 수 있죠. 당신이 할 일은 볼트판을 잭으로 들어올려서 3의 16번째 카테테르 봉에 윈치로 감아올리는 것 뿐이요."

스티브가 '당신' 이라고 말했을 때 그가 '당신' 을 가리킨 게 아닌 건 물론이다. 당신이 가진 연장은 발톱깎기 세트뿐이지만, 스티브에게는 잭과 윈치 류만 해도 구색대로 다 갖춰져 있다. 그래서 스티브의 자녀들은 잭과 윈치들을 가지고 논다. 사실 스티브는 자기 트럭 안에 온갖 종류의 연장들을 다 가지고 있어서 어떤 상황이 벌어지더라도 그에 맞는 연장을 찾아낼 수 있다. 세계경제가 몰락하여 인류가 원시상태로 퇴보해도, 스티브 같은 사내들은 자기 손으로 세운 안전한 보금자리에서 자기 손으로 키우거나 잡은 식량을 먹으면서, 꿋꿋하게 살아남을 것이다. 반면에 당신 같은 사내들은 늑대의 소화기관을 거쳐가는 운명을 맞을 테고.

하여튼 스티브가 정직한 노동의 소금땀을 흠뻑 흘리면서 당신의 집을 잭으로 들어올리고 윈치로 감아올리기 시작하자, 당신은 음식물 씹기가 당신이 요구받는 가장 도전적인 육체노동이 될 당신의 일과를 시작하기 위해 그 자리를 뜬다.

마침내 스티브가 당신의 집을 다 고쳤다. 당신이 거금의 수표를 끊어주자 그는 다음 일거리를 찾아간다. 하지만 당신은 그가 당신 식구들 사이에서 계속해서 관심의 대상이 되고 있다는 사실을 눈치챈다.

당신 아내가 말한다. "오늘 스티브를 봤어. 오드리 푸터메이커씨 차를 도랑에서 들어올리고 있더라구."

"윈치로?" 당신의 물음이다.

"아니, 그는 그냥 맨손으로 들어올렸어." 당신은 그녀의 목소리에 약간 꿈꾸는 듯한 어조가 배여 있는 것을 확실히 감지한다.

"우와!" 당신 아들은 이렇게 감탄하고 난 후, 다시 자그마하지만 성능 좋은 원자로를 동력 공급원으로 하는 미니 잠수함을 가지고 논다. 이 잠수함은 스티브가 빈 사이다캔으로 당신 아들에게 만들어준 것이다.

당연히 이런 상황은 당신을 골치 아프게 한다. 당신은 고민

한다. '흥, 뭐가 대단하단 거야? 스티브가 잡다한 일들을 할 수 있는 건 사실이지만, 내가 할 줄 아는 일들을 할 수 있겠어? 예컨대 그가 회계장부를 분석할 수 있겠어? 아니면 4자 회담을 성사시킬 수 있겠어? 하! 스티브가 그렇게 하려고 애쓰는 꼴을 좀 봤으면 좋겠군.'

하지만 당신도 자신을 어릿광대로 만들고 있을 뿐이란 걸 안다. 사실은 당신도 어느 정도 기계적인 능력을 가졌으면 싶다. 마침내 당신은 그 빌어먹을 놈의 것을 어떻게 해보기로 작정하고, 자신을 무장하기 위하여 연장 백화점으로 간다.

판매원: 뭘 도와드릴까요?

당신: 그렇소. 연장 하나를 샀으면 싶은데요.

판매원: 어떤 종류로요?

당신: 너무 무겁지 않은 걸로요.

그렇게 해서 당신은 53개짜리 복스 스패너 세트를 산뜻한 운반용 소형상자에 넣어서 집에 가져온다. 주위에 아무도 없을 때, 당신은 이따금 그 상자를 열어서 그 소형 복스 어쩌구 중의 하나를 꺼내서 손잡이 긴 물체 끝에 끼워본다. 그런 다음 당신은 집 안팎을 배회하며 알 만하다는 시선으로 기계장치들을 은근슬쩍 주의해서 살핀다. 스패너로 조일 필요가 있는 것을 찾아낼지도 모를 일이 아닌가. 당신은 준비되었다. 이제 당신에게 필요한 건 고장뿐이다.

그러던 어느 토요일 아침, 당신에게 굉장한 기회가 온다……

"여보, 온수기에 문제가 있는 것 같애."

"무슨 문제가?" 당신은 당신치고는 꽤 바닥에 깐 목소리로 묻는다.

"스티브를 불러서 해결해야 할 문제 같애."

"그럴 필요 없어." 역시 당신치고는 꽤 깐 목소리다. 그런 다음, 당신은 유연하고도 숙련된 동작으로 복스 스패너 세트 상자의 손잡이를 움켜쥔다. 그런데 당신은 생각지도 못했던 민망한 자세를 취하면서 몸을 구부려 마루에서 그 53개의 스패너들을 줍지 않을 수 없다. 상자의 빗장을 질러두지 않은 바람에 그것들이 와르르 쏟아졌기 때문이다.

당신은 확고한 결의로 가득찬 얼굴을 하고 차고에 들어간다. 당신이 문제에 손 댈 수 있게 된 건 거기서 상황을 파악하고 물리적 정황들을 조심스럽게 분석하고 나서이다. '온수기는 지하실에 있잖아.'

그래서 지하실로 내려가보니, 당연한 일이지만 온수기는 뭔가 잘못되어 있다. 그건 바닥에 물을 뚝뚝 흘리면서 시끄러운 신음소리를 내고 있다. 당신은 즉시 이 상황이 그 외의 다른 어떤 해석도 불가능한 전형적인 기계적 징후임을 간파한다. '바로 그거야, 온수기는 임신했어! 그래서 지금 아기 온수기를 낳으려는 거야! 그래서 온수를 필요로 하는 거고. 그것도 아주 많이!'

'아냐, 아냐, 침착해야 해', 이렇게 스스로를 자제시킨 당신은 스패너 세트 상자를 열어 그 중에서 아무거나 하나를 조심스럽게 골라든 다음, 그것의 손잡이 비스무리한 쪽을 꽉 쥔다. 당신 아내가 지하실로 내려와 당신이 하는 양을 지켜본다. 당신은 여는 곳이 어디 있나를 살피면서 발꿈치를 세워 살금살금 온수기에 다가간다. 당신이 그것을 붙잡고 고칠 1초 동안은 그래도 그것이 경계를 풀리라는 기대를 가지고. 당신 눈에 온수기 옆에 붙은 작은 박스에서 전선들이 흘러나와 있는 게 보인다. '여기가 취약지구군.' 당신은 스패너로 그것을 건드려본다. 아무 일도 일어나지 않는다. 좀더 세게 건드려본다. 역시 아무 일도 일어나지 않는다. 이건 필시 강하게 두드리도록 설계된 유형의 박스라고 생각한 당신이, 스패너 손잡이로 그것을 세게 내려치니 뚜껑이 떨어져나간다. 그러자 온수기가 내는 것과 흡사한 소리를 지르면서 당신 아내가 계단으로 뛰어올라간다.

어찌 됐건 예상했던 대로 당신은 박스 안에서 부품들을 발견한다. '이제야 제대로 찾았군!' 스패너의 손잡이를 써서 당신은 부품들 사이를 뒤져본다. 행여나 어떤 부품이 '살려줘' 라고 적힌 소형 표지판을 들고 있지 않을까 싶어서. 갑자기 불꽃이 튀는가 싶더니 퍽! 하는 소리가 들리고, 부품 중 하나가 바닥으로 굴러떨어진다. 동시에 온수기가 신음소리를 멈춘다. 만세! 그런데 전등이 나가고 뭔가 타는 냄새가 당신 코를 찌른다.

하지만 당신은 걱정하지 않는다. 이제 당신이 작업을 끝내기 위해서 해야 할 일은 문제의 근원임이 명백한 부러진 부품을 찾아내 철물점에 가서 새로운 부품을 사오는 것뿐이다. 그래서 당신은 그 어둡고 축축한 곳을 손과 무릎으로 기어다닌 끝에 그 부품을 찾아낸다. 아니, 적어도 당신은 그게 그 부품이라고 생각한다. 그게 당신집 개가 오래전에 게워낸 딱딱한 뭔가일 수도 있지만, 그래도 어쩔 수가 없다. 왜냐하면 당신은 어두컴컴한 지하환경이 그다지 마음에 들지 않기 때문이다. 당신은 앞서 버스 타이어만한 거미들이 기어다니는 걸 봤다. '다음 번에는 더 큰 스패너를 가지고 와야지.'

그 부품을 꽉 거머잡고 위로 올라온 당신은 여기도 전기가 나갔다는 걸 알아챘다—여기에 놀라운 우연의 일치가 있다. 게다가 연기도 좀 자욱한 것 같다. '여기도 살펴봐야겠군. 하지만 우선은 전기온수기 건부터 해결해야지.'

"공구점에 좀 갔다올게." 이렇게 말하면서 아내를 보니, 그녀는 부엌 식탁에 고개를 떨어뜨린 채 훌쩍거리며 앉아 있다. '여자들은 항상 그렇지. 온수기가 고장난 정도의 사소한 문제에도 저렇게 감정적이 되니, 원. 이러니까 여자들이 위급상황에서 제대로 대처할 줄 모른다는 얘기를 듣지.'

이리하여 우리는 이 장의 첫 장면으로 되돌아왔다. 고독한 사나이, 당신은 이름 모를 고장난 부품을 손에 쥐고 공구점에 도착한다. 당신은 당신이 가진 것과 같은 모양의 부품을 찾으면서 가게 통로들을 헤집고 다닌다. 토요일 아침인 탓인지 가게에는 당신 말고도 열 명이 넘는 사내들이 있다. 그들 각자도 당신처럼 돌아오지 못하는 다리를 건너 이런저런 집 수리 프로젝트를 추진하는 와중에 있다. 그 사내들도 뭔가를 해체했고, 결정적인 어떤 부품을 떼어냈으며, 설사 전에는 한번도 고장난 적이 없는 부품이라 해도 지금은 확실히 고장이 나 있어서, 그것과 똑같은 것을 찾아내지 못한다면 집주인으로서 심각한 문제 상황에 처하게 된다.

그래서 여러분 사내들은 통로를 헤매고 다니면서 공구점의 몇천 가지 품목들에 잔뜩 찌푸린 진지한 얼굴을 들이댄다. 그것들을 손에 들고 있는 부품과 비교하여 같은 것인지 확인하면서. 그리고 물론 당신들 모두가 실패한다. 그 공구점에 당신이 찾는 부품이 있었던 적은 한번도 없다. 이것이 DIY 하는 사내들의 기본법칙이다. 그 공구점만 당신의 부품을 가지고 있지 않은 게 아니다. 당신들의 부품을 가진 곳은 어디에도 없다. 세상 전체를 통털어 그런 부품은 그것 하나뿐이다. 그것이 제조되었을 때, 원래의 제조업자가 모든 계획을 폐기처분하고 관련 노동자들을 몰살시켰기 때문이다. 이 부품이 두번 다시 제조되는 일이 절대 없도록 하기 위해서.

당신은 한동안 소득없는 탐색을 계속한다. 공구백화점에서 나와 동네 철물점 이곳저곳을 둘러보는 당신의 손에는 여전히 그 고장난 부품이 들려 있다. 당신처럼 부품을 찾고 있는 다른 사내들과 마주치는 빈도가 높아짐에 따라 당신은 그들과 친근한 사이가 된다. 이따금 당신들 모두가 부품을 서로 바꾸기도 한다. 단지 모든 사람이 새로운 부품을 찾아볼 기회를 갖기 위해서. 마침내 당신네 사내들 중 일부는 자신의 부품을 찾아 다른 주나 때로는 다른 나라들로 흘러들어간다. 그들 중 일부는 언젠가 다른 은하계들에서 자신의 부품을 찾아볼 작정으로

NASA에 자리를 신청하기도 한다.

하지만 그보다는 현실주의자인 당신은 마침내 어두컴컴하고 연기 나는 집으로 돌아가서 자신이 저지른 실패를 감당해야 하고, 아내에게 사과해야 하며, 아이들이 뭘 하고 있는지도 보아야 하고, 그리고 무엇보다도 깨끗한 속옷으로 갈아입을 수 있을지 알아봐야 한다는 걸 깨닫는다. 그래서 어느날, 당신은 자존심을 죽이고 집으로 향한다. 그런데 당신이 가는 길 한복판을 떡 가로막고 앉아 있는 거대한 물체가 거기 있어 당신의 심장을 덜컥 내려앉게 만드니, 그것은 다름 아닌 스티브의 트럭이다.

당신이 이 순간에 느끼는 고통은 여자들은 절대 이해할 수 없는 그런 것이다.

공중변소 문제

이건 사내들이 공중변소에 갔을 때 부딪히는 문제다. 여자들이 화장실에 가면 그들은 빗장을 걸어 프라이버시를 지킬 권리를 누리지만, 사내들은 거의 다 트여 있다고 해도 과언이 아닌 곳에 서서 볼일을 봐야 한다. 때로는 다른 많은 사내들이 주위에 둘러서 있는 속에서.

이건 대단히 미묘한 문제일 수 있다. 왜냐하면 사내들의 심리에서 오줌 갈기기는 남성성과 긴밀한 연관이 있기 때문이다. 수컷 개들의 행동을 생각해보라. 그놈들은 세상 만물 모든 것에 오줌을 갈기는 것으로 자신의 남성적 우위를 확립하려는 쉼 없는 욕구 속에서 평생을 보낸다. 과학자들은 개들이 달을 보고 짖어대는 게 그들이(개들이)(그리고 일부 과학자들도) 거기에 가서 오줌을 갈길 수 없어 화가 났기 때문이라고 믿는다.

알다시피 내게도 개가 두 마리 있다. 이어네스라는 이름의 덩치 큰 주력견과 지피라는 이름의 조그만 응급 보조견이 있는데, 암놈인 이어네스는 오줌을 눠야 할 때만 오줌을 눈다. 반면에 털 많고 자그만 수컷인 지피는 기본적으로 오줌 누는 걸 멈추지 않는다. 그놈은 오줌이 끊임없이 뚝뚝 떨어지는 오줌보를 가진 걸어다니는 작은 솜뭉치 같다. 이따금 그 놈이 이웃집 수캐인 프린스를 만나면 그 둘은 순식간에 오줌누기 경연대회를 연다. 그 놈들은 잠시 서로의 몸에 코를 대고 킁킁대며 냄새를 맡아보다가 자못 의미심장한 방식으로 쏜살같이 달려가 관목들 여기저기에 오줌을 갈겨댄다. 그리고 나서 둘다 다시 쏜살같이 되돌아와 서로의 몸에 코를 대고 킁킁거리다가 다시 쏜살같이 관목들쪽으로 달려간다. 이렇게 왔다갔다 하면서 오줌이나 질질 흘리고 다니는 저능아 테스토스테론 회오리 바람 한 쌍은 각자 자기가 세상에서 가장 크고 가장 사나운 종견(種犬)이라고 굳게 확신한다.

내가 주장하려는 건 사내들에게 오줌 누기는 단순히 체액을 배출하는 이상의 의미를 갖는다는 점이다. 그것은 영토에 대한 단호한 선언이다. 사내들이 공중변소에 들어갈 때마다 결정적인 사내 문제에 봉착하는 이유가 이것이다. 즉 어느 변기를 사용해야 하는가라는. 그의 목표는 어떤 희생을 지불하고서라도 다른 사내 바로 옆에서 쉬하는 걸 피하는 것이다. 그건 상대방의 영토를 침범할 수도 있기 때문이다.

따라서 사내 공중변소가 이상적이려면 변기 간격이 적어도 15미터는 되어야 한다. 하지만 유감스럽게도 현실세계에서는 변기들이 다닥다닥 붙어 있기 마련이다. 이건 사내들이 변기와 관련해서 자주 순간적인 전략적 결정을 내려야 한다는 것을 뜻한다. 이 과정을 이해하기 위해서 잠시 공항 공중변소를 머리에 떠올려보라. 이 공중변소의 남자 화장실에는 아래의 과학적 도해에서 직사각형으로 나타낸 5개의 변기가 놓여 있다고 해보자.

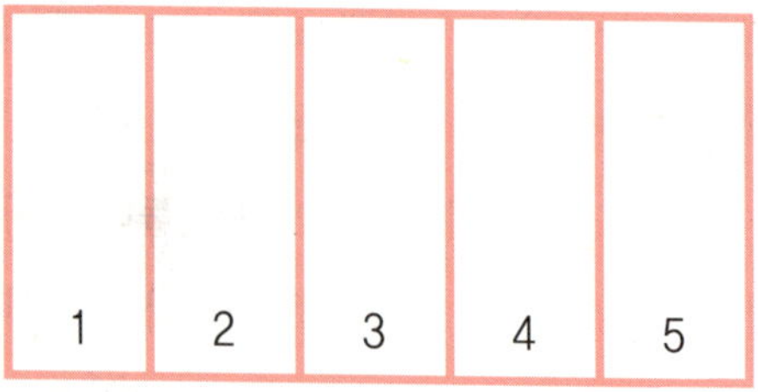

그리고 사내 A가 들어왔을 때 남자화장실에 다른 사내는 없었다고 해보자. 그가 양쪽 끝 변기인 1번 변기나 5번 변기 중 하나를 택하리란 건 거의 확실하다. 왜냐하면 이렇게 해야 다음번에 남자화장실에 들어올 사내로부터 가능한 한 멀리 떨어져 있게 된다는 걸 그도 알기 때문이다. 그래서 사내 A가 5번 변기를 택했다고 하면 우리의 상황은 이제 다음과 같이 된다.

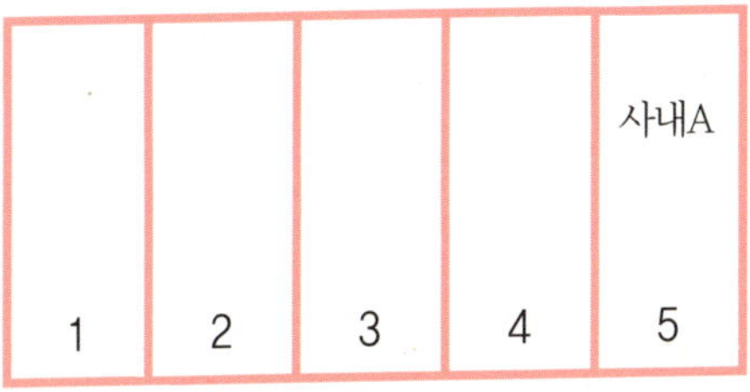

두 번째 사내 B가 화장실에 들어섰을 때 그가 택하는 변기는 언제나 1번 변기다. 그가 4번 변기를 택하는 일은 몇십억 년의 역사 동안 절대로, 단연코 없었다. 그렇게 했다가는 사내 A를 깜짝 놀라게 만들어, 사내 A가 자기 볼일을 제대로 보지 못하고, 바지 지퍼를 너무 급하게 올린 나머지 바지를 젖게 만들고, 나아가 그의 '물건'을 다치게 만들 수도 있는 일이니까. 따라서 사내 B가 사내 A에게서 가장 멀리 떨어진 변기를 고르리란 건 확실하다. 사내 B가 점잖고 안정되고 개방적이고, 게이에 대해서조차 하등의 편견도 갖지 않는 절대적으로 선입견 없는 사람일 수도 있지만, 그럼에도 불구하고 사내 B도 사내 A가 그도 똑같은 사내놈이라고 생각하도록 놔두느니 차라리 자기 양쪽 눈을 찌르고 말 사람이다. 그래서 그는 다른편 끝으로 간다. 설사 변기가 1킬로미터 길이로 늘어서 있다 해도, 사내 B는 틀림없이 그 거리를 끝까지 걸어가는 쪽을 택할 것이다. 비행기 탈 시간을 놓치는 한이 있더라도 말이다.

그래서 이제 상황은 이러하다.

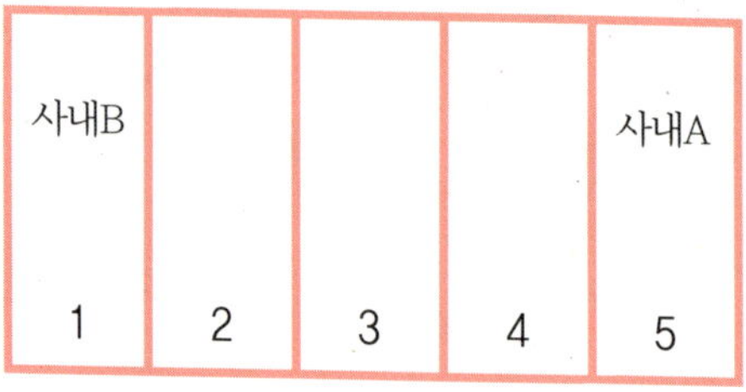

다시 사내 C가 들어오면, 이제 다 아시겠지만 그는 당연히 3번 변기를 고른다. 그게 뭐 꼭 마음에 드는 건 아니지만, 그래도 그의 경우는 양쪽에 비어 있는 변기를 가지고 있다.

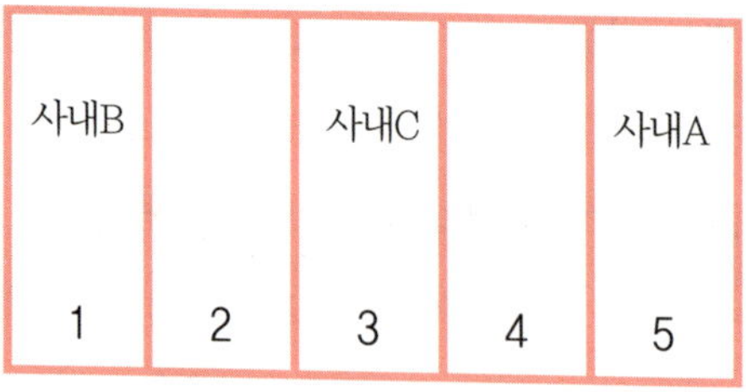

그런데 이 상황에서 네 번째 사내 D가 들어오면, 그는 정말로 사내문제를 갖게 된다. 왜냐하면 그가 어떤 변기를 고르든 그는 다른 두 사내를 바로 옆에 두고 서게 되기 때문이다. 이건 무척 당혹스런 일이다. 이 상황에서 일부 사내들은 큰 거 볼 때 쓰는 변기에 들어가서 쉬를 하거나, 양 옆으로 비어 있는 자리가 날 때까지 기다리거나, 그것도 아니면 옆으로 가서 벽에 대고 쉬를 한다. 다음과 같이.

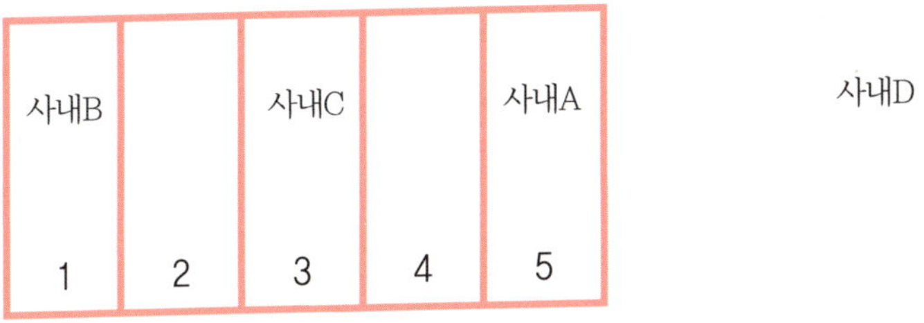

그렇지 않고 공중예절을 아는 사내 D가 비어 있는 변기 중 하나—2번 변기라고 하자—에 간다면, 그와 사내 B와 사내C는 온몸을 빳빳하게 경직시킨 채 앞쪽만 노려보고 서 있는다. 마치 포도씨를 플래티넘으로 바꾸는 비밀공식이 벽면 타일에 새겨져 있기라도 한 듯이. 눈을 마주치면 죽는다, 바로 이것이 공중 변소에서 사내들의 모토이다.

당신들 여자들은 아마 틀림없이 내가 이 모든 걸 꾸며내고 있다고 생각하겠지만, 당신과 지금 함께 있는 사내에게 이 부분

을 읽어보라고 해보라. 내 장담하지만, 그는 고개를 끄덕이며 인정할 것이다. 그는 거기에 있어보았다! 그래서 내가 묘사하는 상황이 어떤 건지 잘 알고 있다. 하지만 그가 이것을 소재로 당신과 이야기를 나눈 적이 없었던 건 이것이 그에게 극히 예민한 소재이기 때문이다. 게다가 그는 사내란 걸 이해하지 못하는 다른 성(性)의 사람에게 그런 고민을 나누는 게 자신을 웃음거리로 만들 뿐이란 걸 알 정도로는 지혜롭다. 비록 그게 이 분야에서 훨씬 더 큰 사내문제—아마도 사내문제 중에서 가장 큰 문제일 것이다—인 아래의 것에 비하면 비교도 안 되긴 하지만.

스포츠와 사내의 번민

사내들은 이 문제에서 극히 취약하다. 그건 사내들이 스포츠팀에 집착하기 때문이다. 나는 단순한 응원을 이야기하는 게 아니다. 나는 사내들이 일궈내는 관계, 즉 사내들이 결혼서약 따위보다 더 진지하게 받아들이는, 스포츠팀에 보내는 헌신을 이야기하는 것이다.

결혼할 때 사내들이 가난할 때나 부자일 때나 죽음이 두 사람을 갈라놓을 때까지 어쩌고저쩌고 하면 입으로는 "예"라고 말하더라도, 그는 마음 저 깊고깊은 곳[3] 어딘가에서 이런 결심

3_대다수 사내들의 경우, 1.5센티미터 정도 되는 깊이다.

이 바뀌게 할 일이 불쑥 벌어질 수 있으며, 그것은 어쩌면 피로연이 벌어지는 동안에도 벌어질 수 있다는 걸 안다. 하지만 그가 스포츠팀과 맺는 유대는 영구적이다.

당신은 자기 아내에게보다 그 소속을 끊임없이 바꾸는 한 무리의 운동선수들—그가 정말로 아는 사람은 아무도 없고, 그에게 신경쓰는 사람도 아무도 없는 그런 사람들—에게 더 많이 헌신할 수 있는 사내들의 가치관은 뭔가 문제가 있다고 느낄 수 있다. 하지만 더 큰 그림에서, 말하자면 사내의 관점에서 보아야 한다. 그의 아내가 따뜻하고 애정 깊고 헌신적인 사람일 수도 있지만, 그녀가 플레이오프에 진출할 리는 없는 것이다. 설사 그녀가 비(非)시즌 기간 동안, 진짜진짜 열심히 연습해서 실력이 부쩍부쩍 는다 해도 말이다. 반면에 사내가 헌신적으로 남아 있기만 하면, 그의 팀이 마침내 플레이오프에 진출하고 나아가 우승까지 할 기회는 얼마든지 있다.[4]

하지만 그렇게 되려면 자신이 불성실해서는 절대 안 된다는 게 사내들의 미신이다. 그는 진심으로 그것에 마음을 바쳐야 하고, 밤낮을 가리지 않고 그것에만 오로지 자신을 바쳐야 한다. 설사 이렇게 하는 것이 그의 가족을 무시하고, 그의 직업을 무시하며, 지구 온난화의 위협을 무시하게 되더라도. 어쨌든 이렇게 하면, 그는 상황이 달라지게 만들 수 있다. 즉 그는 승리를 얻게 만드는 노력의 일부일 수 있는 것이다. 사실 운동을 실제

4_물론 그 팀이 보스턴 레드삭스만 아니라면.

로 하는 면들만 빼고 그는 운동선수 스스로가 행하는 모든 면에서 승리에 기여할 수 있다.

나는 이것을 직접 경험했다. 예전에 내가 필라델피아에 살 때 내 친구 버즈 버거와 함께 〈필라델피아 세븐티식서스-76ers〉 프로농구팀이 벌이는 시즌 경기의 입장권을 손에 넣을 수 있었다. 그런데 그 좌석이 굉장했던 것이 귀빈석 바로 뒷자리였다. 우리는 상대팀 코치가 말하는 모든 것을 들을 수 있어서 〈76ers〉에 유익한 조언을 하거나 격려의 고함을 지를 수 있었다. 이따금 너무 지나친 우리의 격려로 인해 상대편 코치가 우리를 향해 주먹을 내지르는 반응을 보이기라도 하면 주위의 열성팬들과 함께 하이파이브로 자축도 하면서.

하지만 우리의 주요한 역할, 그리고 우리가 대단히 진지하게 받아들였던 역할은 무엇보다도 〈76ers〉 팀이 확실히 이기도록 만드는 것이었다. 우리는 그 팀에게 정신착란 상태에서나 가능한 정도의 깊은 관심을 보이는 것으로 이렇게 했다. 만일 당신이 그때로 거슬러올라가 결정적 시합들의 결정적 부분들이 담긴 비디오테입을 조심스럽게 분석해본다면, 버즈와 내 머리에서 나온, 희미하지만 확실히 보이는 '관심광선'이 농구장에 쏘아지면서 시합 과정에 영향을 주는 모습을 보게 될 것이다.

이것의 최고 사례는 1985-86년 시즌 중에 〈76ers〉 팀이 〈보스턴 셀틱스〉 팀과 싸운 시합에서 일어났다. 이 시합은 내 인생의 절정들 중 하나로 남아 있는데, 그것은 인간의 업적으로서 페니실린의 발견에 버금가는 그런 시합이었다.

내가 〈76ers〉의 오랜 팬으로서 셀틱스를 미워할 수밖에 없었던 것은 당신도 이해가 갈 것이다. 예컨대 내가 히틀러를 미워하는 것과 같은 정도는 아니었지만, 그래도 더 자주 미워할 수밖에 없었던 것은.

이 시합에서 〈76ers〉 팀은 그들의 센터인 모세스 말론을 출전시킬 수 없었는데, 그는 리바운드 면에서 세계 수준을 자랑하고, 적어도 상원의원 세 사람이 그 혼자를 대표해야 할 만큼 덩치가 컸다. 이런 그가 없는 상황에서 〈76ers〉 팀은 〈보스턴〉 팀이 주도하는 시합에서 거의 악전고투하면서 끌려가고 있었다. 시합은 〈셀틱스〉 팀이 무난히 이길 것으로 보였다. 이것만으로도 충분히 기분 나쁜 일이었지만, 더 나빴던 건 우리 바로 뒤에 세 명의 전형적인 〈보스턴〉 팬들이 있었다는 사실이다. 여기서 전형적이란 문명세계의 2/3에 범생이들의 공급을 책임지고 있는 〈보스턴〉 팬으로서의 성격을 그들이 유감없이 드러내고 있었다는 뜻이다. 그들이 시합이 진행되는 내내 우리 귓가에 대고 큰소리로 낄낄대면서, 저건 어린애 장난이지 시합이 아니고, 〈76ers〉 팀의 감독인 줄리어스 어빙은 쥐구멍에 기어들어갔다고 떠들어댈 때, 그들이 하는 짓은 결코 응원이 아니었다. 물론 줄리어스 어빙은 그랬지만, 그렇다고 자기들이 그렇게 말할 권리는 전혀 없는 것이다. 줄리어스 어빙은 과거에도 그랬고 지금도 여전히 괜찮은 사람이어서, 만일 유권자들이 그를 주지사로 뽑아주는 상식을 가진다면 이 나라는 지금보다 훨씬 나아졌을 것이다.

그래서 하여튼 말론이 없었음에도 〈76ers〉 팀은 점수차를 좁혀가서 남은 시간이 30초가 되지 않은 시점에서 상대팀을 2점 차로 따라잡고 있었다. 이건 좋은 소식이었다. 나쁜 소식은 셀틱스 팀의 전설적 인물 래리 버드가 이제 막 2개의 자유투를 쏘려는 참이었다는 것이다.

이따금 사람들은 왜 백인들은 흑인들만큼 농구를 잘 하지 못하는지 궁금해한다. 그 대답은—내가 장담하는 바이지만— 무슨 이유에서인지는 모르지만, 자연이 지난 50년 동안 전체 백인 종족의 농구 재능 모두를 래리 버드 한 사람에게 집중시켰던 데 있다.

그래서 그 관중들 중 대다수 사람들은 래리 버드가 이 슛을 성공시켜 그 시합을 끝내게 만들 거라고 여겼다. 내 뒤에서 낄낄대던 그 세 명의 보스톤 놈들도 당연히 그것을 알고 있었다. 그리고 래리 버드 또한, 그가 파울 라인으로 걸어가서 공을 튀긴 다음 던지기 위해 그의 팔을 젖힐 때, 그 사실을 알고 있었다는 건 누가 보더라도 분명했다.

나는 전에 미국 중부 이남 지역에서는 축구시합을 놓고 상대방을 상습적으로 죽인다는 점에서 스포츠를 너무 진지하게 받아들인다고 주장하는 기사를 읽은 적이 있다. (나는 이건 기자의 과민반응이라고 생각한다. 물론 우리가 다시 한번 플레이오프전을 놓고 말하지 않는 한에서 말이다.)

어쨌든 엘살바도르가 온두라스를 이겼는지, 아니면 반대였는지는 알 수 없지만, 예전에도 이런 막상막하의 경기가 벌어진

적이 있는데, 그 다음날 이긴 나라의 신문 중 하나가 예수의 발이 실제로 여러 번 하늘에서 내려와 이긴 팀의 골문을 공이 비켜가도록 만들었다고 주장했다. 그 신문은 이것을 실제로 그림으로 보여주기까지 했다.

여러분은 이런 주장을 비웃을지 모르지만, 나는 그렇지 않다. 왜냐하면 이와 아주 흡사한 상황이 〈76ers〉 팀과 〈셀틱스〉 팀의 시합에서도 일어났기 때문이다. 다만 그게 예수의 발이 아니라(물론 그가 도와주었을 수도 있지만) 버즈와 내가 예전에는 한번도 도달하지 못했던 강도로 발산한 관심 광선이었다는 게 다르지만. 우리의 이마에서 레이저광선처럼 쏘아진 이 광선은 공이 가장 높이 떴을 때 그 공을 가로챔으로써 래리 버드로 하여금 두 번이나 실수하도록 만들었다.

나는 여기서 칭찬을 받겠다는 게 아니라, 그냥 사실을 말하고 있을 뿐이다.

그래서 이제 〈76ers〉 팀이 공을 차지하게 되었다. 그들은 골을 넣으려고 했지만 〈셀틱스〉 팀의 195센티미터 키의 케빈 맥헤일 너머로 점프볼을 하는 상황에서 실수하여 189센티미터 키에 가로 길이는 그보다 약간 더 큰 찰스 바클리에게로 공을 넘겼다. 남은 시간은 3초였다. 관중들은 이제 일어서서 우주왕복선이 출발할 때 만들어내는 모든 소음을 합친 것보다 더 크게 고함을 질러댔다.

그 다음에 일어난 일은 이러하다. 바클리가 발을 구르며 뛰어올라 줄리어스 어빙에게 공을 보냈는데, 어빙은 상대 수

비수 아인지를 요리조리 교묘히 제친 다음—이제 시간은 딱 1초가 남아 있었다 — 3점 슛을 쏘았다.

버즈와 나는 우리가 이 슛이 제대로 들어가게 도울 수 있다는 걸 알았다. 하지만 우리처럼 자기 희생적인 팬들이 그렇듯이, 우리는 어빙에게 영광을 돌리고 싶었다. 그래서 우리는 그의 슛을 그냥 내버려두었는데, 아인지의 손을 넘고 모든 〈셀틱스〉 선수들의 머리를 넘어—심지어는 래리 버드까지— 위로 포물선을 그리며 올라가던 그 공은 포물선을 그리며 아래로 아래로 떨어지더니, 급기야

휘리리릭-

하는 소리와 함께 산뜻하게 그물 속을 지나갔다. 시합종료를 알리는 호각소리가 울렸다. 〈세븐티식서스〉 팀이 이긴 것이다. 남태평양 괌 섬에서도 확실하게 들릴 만큼 시끄럽게 왕왕대는 구내 안내방송 스피커에서는 〈함성〉의 이슬리 브라더즈 버전을 내보내기 시작했다. 그리고 버즈와 나는 능숙한 무용수—단 맥주 몇 잔이 들어간—처럼 유연한 몸짓으로 몸을 일으킨 다음, 우리 뒤의 보스턴 팬들을 향해 얼굴을 돌렸다. 그리고 나서 우리는 손으로 귀를 감쌌는데, 이 몸짓은 그 시합에서 처음으로 그들이 어떤 말을 해도 우리는 듣고 있지 않다는 우리의 배려를 나타내기 위해서였다.

그리고 물론 그들은 아무 할 말이 없었다.

내가 말하려는 건 사내라면 누구나 어떤 팀에 빠질 수 있다는 것이다. 이것은 방금 내가 묘사한 것 같은 멋진 마법의 순간들을 그 사내가 체험할 수 있게 해준다. 하지만 그것은 또한 사내로 하여금, 솔직히 말해 대다수 여자들로서는 상상도 못할 감정적 고뇌에 시달리도록 만들 수 있다—진짜로 그럴 수 있다!

나는 플로리다 주 마이애미에서 1993년 여름에 이 글을 쓰면서, 라디오 스포츠 대담에 귀를 기울이고 있는데, 전화를 걸어오는 사람들—전부가 사내들이다—은 데이브 마가단의 트레이드에 몹시 분개하고 있다. 그들이 말하고 싶어하는 건 오직 이것뿐이다.

세상사를 따라잡지 못하는 사람들을 위해 설명을 하면, 데이브 마가단은 〈플로리다 마린스〉 팀의 선수였는데, 〈시애틀〉 팀으로 트레이드가 되었다. 이 지방의 많은 사내들은 이 트레이드가 실수였으며, 〈마린스〉 팀은 대신 오레스테스 트레이드(오르스테스는 그리스 신화에 나오는 인물로, 아가멤논과 클리템네스트라의 아들. 어머니를 죽인 죄로 푸리에스에게 쫓겼음-옮긴이)란 이름의 선수를 트레이드 했어야 한다고 확신한다. 그래서 이 사내들은 토크쇼에 밤낮으로 전화를 걸어 자신들의 감정을 터트린다. 그런데 문제는 마가단의 트레이드는 3주 전 일이라는 것이다. 이쯤 되면 당사자인 마가단조차 트레이드 건은 잊고 연습에 몰두하고 있을 때가 아닌가.

하지만 그런 건 이 사내들에게 중요하지 않다. 또 그들이 마가단이나 오레스테스를 개인적으로 얼마나 잘 아는지도, 이 트레이드가 자신들 인생에 별다른 영향을 미치지 않으리란 사실도 중요하지 않다. 중요한 건 자신들이 마음 쓰고 있다는 것이다. 그들이 이 특별한 상처의 딱지를 끝없이 잡아뜯는 걸 그만둘 수 없는 이유가 이것이다.

스포츠 토크쇼 진행자: 전화 연결되었습니다. 말씀하십시오.

청취자: 난 이번 마가단 트레이드에 정말로 분통이 터져요. 구역질 나는 일입니다. 난 믿을 수가 없어요……

진행자: 잠깐만요! 방금 뉴스 속보를 받았는데, 터키에 있던 원자로가 폭발하여, 남플로리다 주는 지금 거대한 방사능 구름으로 뒤덮혀 있답니다!

청취자: 우린 지금 300번이나 안타를 날린 한 사내에 대해 말하고 있는 것 아닙니까?

물론 위의 대화는 내가 만들어낸 것이다. 그건 (a) 터키에 있는 원자로가 폭발하지 않았다는 점에서, 그리고 (b) 설사 그게 폭발했다 해도, 진행자는 전화를 건 청취자가 이제 막 이야기를 시작한 상황에서 그토록 사소한 문제로 청취자의 말을 가로막지는 않았으리란 점에서 비현실적이다.

왜냐하면 그 역시 사내이기 때문이다.

이 장에서 나는 사내들이 일상에서 부딪힐 수밖에 없는 몇가지 독특한 문제들을 제시했다. 이외에도 사내들이 부딪히는 문제는 많다. 그리고 내가 장담하지만 그것들도 똑같이 깊은 상처를 남기는 위력적인 문제들일 수 있다. 하지만 나는 이 문제들은 더 이상 다루지 않을 작정이다. 왜냐하면 강해지는 것, 불평을 늘어놓지 않는 것, 그보다 못한 쪽 성(性)이었다면 무릎 꿇었을 고난 하에서도 묵묵히 참고 견디는 것이 남성 헌장의 일부이기 때문이다.

게다가 내 손가락이 너무 지쳤다.

사내에 관한 여섯 번째 보고서

사내와 의료관련 문제

혹은 "그냥 삔 것일 뿐이야"

사내의 몸은 여자의 몸과 다르다. 이건 누가 봐도 알 수 있는 봉우리와 계곡을 두고 하는 이야기가 아니다. 나는 사내들만의 독특한 신체 문제, 사내의 신체건강에 심각한 위협을 제기하는 냉혹한 유전적 장애에 대해 말하고 있는 것이다. 즉 사내의 신체 건강은 오로지 사내의 마음에 달려 있다는 사실에 대해.

사내의 마음은 의료 처치를 믿지 않는다. 사내들은 자신을 위해서든 남을 위해서든 병원 문앞에조차 잘 가려 하지 않는다. 머리가 잘리는 따위의 명확한 특정 상황들을 제외하고는. 그때조차도 사내들은 100% 신뢰를 갖지 않는다. "그의 머리를 도관용 테입으로 다시 붙여서 그가 2 이닝을 더 뛸 수 있는지 보자"가 사내들의 일반적인 태도이다.

여기에는 이유가 있다. 만일 사내인 당신이 설사 구경꾼으로라도 의료 관련 상황에 휘말리게 되면, 의사들이 경고도 없이 갑자기 고무장갑을 끼고 '전립선'을 찾아서 당신 엉덩이에 손을 집어넣을 수 있다는 사실을 당신은 어렵사리 배웠다. 대다수 사내들은 '전립선'이 뭔지 전혀 모르지만, 누군가가 자신의 엉덩이에 손을 집어넣게 되면 자신도 전립선이 뭔지 알고 마는 불상사가 일어나리라고 믿고 있다.

그래서 사내들은 의료 처치를 의심스러워한다. 이런 태도가 어떤 것인지 구체적으로 설명하기 위해서 내가 아는 테드 쉴드라는 이름의 한 사내와 관련된 실화를 예로 들겠다. 내가 테드를 만난 건 패트 모나한이라는 이름의 동업자와 함께 운영하는 한 레저용품 가게, 일리노이 주 아콜라 읍의 '세계적 명성의 잔디 자동차로 하는 정밀 잔디깎이 시범 부대'를 통해서였다.

아콜라는 중부 일리노이 주에 있는 작은 읍이다. 한때 아콜라는 빗자루를 만드는 데 쓰인 수수의 중요 생산지였다. 그 마을은 지금도 빗자루 제조산업에서 중요한 위치를 점하고 있으며, 골동품 빗자루와 빗을 세계에서 가장 많이 모아놓은 곳임을 자랑하고 있다. 그 마을은 또한 세계에서 가장 큰 흔들의자 중 하나와 세계에서 유일하게 고급 프랑스 요리 식당과 볼링 레인을 결합한, 프랑스 대사관이라 불리는 시설을 가지고 있다. 이건 내가 지어내서 하는 얘기가 아니다.

해마다 9월이면 아콜라는 수수 페스티벌을 열어 퍼레이드를 펼치는데, 이 퍼레이드에서 가장 인기 있는 참가단의 하나가 앞서 말한 세계적 명성의 잔디 자동차 어쩌구이다. 이들은 주문제작한 잔디깎이[1]를 밀면서 거리를 행진한다. 빗자루를 들고 정밀 비질 및 잔디깎이 작전을 수행하는 것이다. 그리고 그 단원들 대부분이, 자기네끼리 좋은 시간을 갖는 게 반드시 사회에 도움이 되란 법은 없다고 믿는—이처럼 이따금 사내들은 겸손하게도 자신들의 활동을 너무 평가절하하지만 내 생각은 그렇지 않다—공동체의 기둥들이다.

나는 몇 년 전에 그 잔디 자동차단[2]에 초대받아 참여하는 크나큰 영광을 입었다. 이 배타적인 모임의 단원이 되는 건 쉬운 일이 아니다. 회원 자격이 퍼레이드 날 테드 쉴드네 차고에 얼굴을 내미는 사람으로만 엄격하게 제한되기 때문이다. 잔디자동차팀의 오리엔테이션이 열리는 곳이 여기다. 그 팀의 오리엔테이션은 다음과 같이 구성된다.

1. 마음의 준비, 맥주 마시는 걸 말하는 거다.
2. 비즈니스 미팅, 이건 이 책에서조차 언급하기 힘들 만큼 유치한 행동들로 이루어져 있는데, 그중에서 한 가지만 이야기하면 한 사람이 사다리를 타고 올라서서 소도구들을 써서 어떤 노래를 극화시켜 보여주면, 잔디자동차 단원들이 그 노래의 제목을 알아맞

1_그 중의 한 잔디깎기에는 변기가 부착되어 있다.
2_잔디자동차단은 퍼레이드가 끝난 직후에도 마음의 준비를 한다. "넘치게 준비된 경우란 없다"가 그들의 모토 중 하나다.

춘다. 이건 어렵지가 않은 게 그 노래에는 언제나 '달'[3] 이라는 단어가 포함되어 있기 때문이다.

3. 신병 캠프, 이건 숙달된 조교들의 부드럽지만 단호한 지휘("조용히 하시오, 이 뚱땡이 돼지들아!") 하에 처음으로 잔디자동차단의 정밀 행진 작전[4]을 배우는 단계인데, 이 작전은 다음 두 가지로 이루어져 있다.

a. '개 걸음', 이것은 한손에는 빗자루를 쥐고, 다른 손에는 잔디깎이를 쥔 채 제자리에서 한 바퀴 도는 행진법이다.

b. '교차 던지기', 먼저 잔디자동차 단원들이 두 줄로 나뉘어 옆으로 몸을 돌린 다음, 빗자루를 공중으로 던져 반대쪽 줄의 단원이 받아내는 것인데, 실패하는 경우가 허다하다.

신병들은 자주 이글거리는 중부 일리노이 주의 햇빛 속에서 무려 2분이나 되는 긴 시간을 들여야만 잔디자동차단의 명성에 걸맞는 정밀도로 이 동작들을 해낼 수 있게 된다.

일단 신병 훈련이 완료되고 나면 잔디자동차단은 2열 종대를 이루어 퍼레이드에서 행진한다. 당신이 한 번도 거기에 있어본 적이 없다면, 나로서는 잔디자동차 단원들이 카우보이 스타일의 모자를 쓴 전통복장과 자신들의 신원을 드러내지 않기 위

3_〈마이애미에 걸린 달〉의 소도구들로는 코코넛 두 개와 바나나 하나가 사용된다.
4_절대 집안에서 흉내내지 말 것.

해 할로윈 스타일의 가면을 쓴 채 퍼레이드의 중심 도로를 따라 잔디깎기를 굴려갈 때, 대기를 뒤흔드는 그 흥분을 말로 설명하기가 어렵다. 그리고 그 종대의 지휘자들은 자신들의 계급을 나타내기 위해 손잡이가 긴 변기 뚫어를 가지고 다니는데, 그들이 부대원 동작의 정밀 일치를 위해 "받들어 빗자루!" 같은 명령을 내리면 50명의 단원들은 잘 돌아가는 기계처럼 동시에 45가지 정도의 서로 다른 동작을 해낸다. 내가 유일하게 말할 수 있는 건 당신이 우리를 지켜보려면, 튼튼한 오줌보를 갖고 있는 편이 좋다는 것이다.

내가 사내의 의료 관심이라는 이 장의 진짜 주제에서 벗어나고 말았다는 건 나도 깨닫고 있지만, 사내성을 전형적으로 보여주는 '잔디자동차단' 을 위해 이 책의 일부를 할애할 필요가 있다. 좀더 많은 사내들이 '잔디자동차단' 같이 느슨하고 무의미하고 반쯤 정신 나간 조직에 참여했더라면, 미국 상원처럼 공격적이고 파괴적이고 자주 범죄적이기까지 한 부패 조직들에 관여하는 사내들의 수가 훨씬 더 적었으리란 게 내 입장이니까 말이다.[5]

그런데 정작 내가 이 자리에서 이야기하려는 실화는 잔디자동차단의 공동창립자인 테드 쉴드와 관련된 것이다. 테드 쉴드는 다른 잔디자동차 단원들과 루이지애나 해변으로 낚시여행을

5_그러니까 '잔디자동차' 단 사례는 이 책의 진지한 결론을 알고 싶어할 독자들을 위한 특설 코너이다.

갔다가 잘못해서 발목이 부러지고 말았다. 당연한 일이지만 그는 사람들에게 그냥 삔 것일 뿐이라고 말했다. 사내들은 언제나 "그냥 삔 것일 뿐이야"라고 말한다. 이런 식으로 해야 의료처치에 붙잡히는 상황을 피할 수 있기 때문이다. 사내들은 그의 사지 중 하나가 나머지 몸뚱아리와 30센티미터 넘게 떨어져서 땅에 놓여져 있더라도 그건 "그냥 삔 것일 뿐"이라고 주장할 사람들이다.

그래서 테드의 무릎은 욱신거리고 빠른 속도로 부어오르면서 비표준적인 색깔로 변해갔음에도 테드는 보트에 남아서 그 부상을 혼자 처리하는 쪽을 택했다.

그는 회상한다. "다행히 보트에 맥주가 있었지요."

적십자 표준 응급처치법에 따라 테드는 아이스박스에서 맥주캔들을 꺼내 얼음 속에 그의 발을 담글 공간을 만들었다.

"이건 우리가 그 맥주들을 그 자리에서 먹어치워야 한다는 걸 뜻했지요. 맥주를 식히지 않으려면요. 그리고 사람은 누구나 자기가 해야 할 일을 해야지요."

잔디자동차 단원들은 그날 해가 질 때까지 낚시를 하다가 —테드는 아이스박스 속에서 자기 발로 낚시를 하다가— 뭍으로 돌아왔다. 그날 저녁 그들은 부상자가 한 명 발생했다는 사실을 알았지만, 앞서 말했듯이 자기를 위해서든 남을 위해서든 병원에 갈 기회만은 절대 사양하고 싶었던 그들은 모두 춤추러 가고 말았다.

"내 발은 꽤 심하게 부어올랐지만, 그날 밤에 쓰러지지 않은 몇 안 되는 잔디자동차 단원들 중 한 사람이었소."

그 다음날 그들이 아콜라로 돌아왔을 때, 테드의 아내 조이스는 예리한 관찰자로서 (a)그가 거의 걷지 못한다는 사실과 (b)그의 한쪽 다리가 다른 쪽 다리보다 훨씬 더 커졌다는 것, 사실 일부 사람들의 몸통보다 더 커졌다는 것을 알아차렸다.

"그건 스모 선수의 다리였어요"가 조이스의 설명이다.

"그건 그냥 삔 것일 뿐이야"는 테드가 그녀에게 했던 설명이고.

조이스는 테드를 억지로 끌다시피 하여 병원으로 데려갔는데, 그녀는 테드의 진료카드를 대신 작성해줘야 했다. 왜냐하면 테드는 병원 직원들에게 자기는 정말로 치료 받을 필요가 없다는 사실을 설명하느라 바빴기 때문이다.

"사람들이 입을 딱 벌리고 거기서 눈을 떼지 못할 정도로 그의 발목은 가관이었지요. 나는 진료카드를 작성하느라 바쁜데, 테드는 내 어깨에 기대선 채로 계속 '그건 그냥 삔 것일 뿐이야'란 말만 하고요."

몇 주 후 테드는 깁스 붕대를 풀고 때맞춰 열리고 있던 수수퍼레이드에서 행진했다. 말하자면 만사가 해피엔딩으로 끝난 것이다. 하지만 내가 말하려는 핵심은, 당신의 인생에 한 사내가 있는데 그가 고분고분하게 병원에서 치료받도록 만들고 싶다면, 그나 힐러리 클린턴더러 그 상황을 책임지게 내버려둬서는 일이 되지 않는다는 것이다. 당신은 맹수 조련사들이 곰과 코뿔소에게 사용하기 위해 완성한 기술, 즉 마취화살을 사용해야 한다. 이것이 사내를 제때 의료시설에 데려갈 수 있는 확실하고 유일한 방법이다. 만일 그가 축구시합을 하다가 다쳐 뼈가 몸에서 튀어나온 데다가 대동맥에서 출혈이 있는데도 좀 있으면 저절로 나을 거라고 주장한다고 하자. 이런 경우 당신은 화살 한두 개를 그의 몸 속에 쏘고, 그가 쓰러질 때까지 좀더 비틀거리며 뛰어다니도록 놔두었다가, 그를 끈으로 포박한 다음, 차 트렁크에 태워 병원으로 데려가야 한다. 그리고 병원에 데려가면 반드시 의사에게 알려야 한다. 그의 드러난 부상도 부상이지만…… 그가 전립선에 대해 불평해왔다는 사실을…….

어쩌면 그 사내가 살아 있는 동안 다시는 돌아오지 않을 기회일지도 모르니 말이다.

사내의 신체조건

우리는 지금까지 어리석다고밖에 말할 수 없는, 병원진료에 대한 사내들의 기본태도인 어리석음에 대해 논의해왔다. 하지만 우리는 또 사내들만의 특수한 신체 조건들에 대해서도 논의할 필요가 있다. 예를 들면 다음과 같은 것.

사내의 시력

이것은 사내들로 하여금 특정 상황을 자세히 보지 못하게 만드는, 사내들의 신체 조건이다. 내가 "특정 상황"이라고 말한 것에 유의하라. 사내들이 세세한 것까지 아주 잘 볼 수 있는 일부 상황들도 있다. 예를 들어 야구 시합을 보는 사내는 홈플레이트에서의 진로차단 행위에 대해 심판이 전혀 잘못된 범죄적 판정을 내리는 것을 완벽한 선명도로 볼 수 있다. 이런 유형의 세세한 것이라면 맥주 4캔을 마시고 실제 경기가 진행되는 곳에서 몇백미터 거리에 있는 사내라도 또렷이 볼 수 있다. 일부 사내들은 이런 유형의 세세한 것이라면, 그런 플레이가 벌어졌을 때 그가 남자화장실에 있었다 해도 완벽하게 볼 수 있다.

또 사내들은 여자들의 노출된 가슴이라면 믿기 힘들 만큼 먼 거리에서도 볼 수 있다. 그런 가슴이 주위에 하나라도 있으면 그는 그것을 알아본다. 그리고 일단 그가 그것을 찾아내면, 그는 그것을 그만 보는 게 거의 불가능하다. 주변에서 어떤 상황이 벌어지든(2장의 '욕정으로 인한 두뇌 마비증' 참조). 얼마 전에 내가 마이애미 해변에서 남녀 혼성의 한 그룹과 함께 늦은 아침을 먹은 적이 있다. 식사를 마친 우리는 해변을 산책하기로 했다. 아름다운 맑은 날이었다. 우리는 담소를 나누며 걷는 중이었는데, 갑자기 노출된 가슴 한쌍이 세 사내의 눈에 들어왔다. 그것은 마이애미에서 흔히 그렇듯이 타월을 깔고 누운 한 여자의 것이었다. 요즘 들어 마이애미 해변에서는 여자들이 브

래지어까지 벗고 일광욕을 하는 경우가 많다. 그녀들은 그렇게 하는 것에 전혀 개의치 않는 듯이 보인다. 그래서 나도 개의치 않는 듯이 행동하려고 애쓴다. 하지만 사실 나는 이런 일에 부딪힐 때마다 깜짝깜짝 놀라곤 한다.

내가 청소년일 때, 가슴 사진을 볼 수 있는 유일하게 믿을 만한 출처는 〈내셔널 지오그래픽〉뿐이었다. 이 잡지는 그 당시, 내가 기억하기로, 여자들이 상체에 아무것도 걸치지 않고 돌아다니는 세계의 모든 원시부족들에 관한 기사들을 연재하는 데 열심이었다. 중학교에 다니던 나와 내 친구들은 이 기사들에 지대한 관심을 보였는데, 특히나 "모본가 부족의 한 젊은 여자가 원시적인 도구들을 써서 저녁을 준비하는 중이다" 같은 해설을 단 사진들에 대해서 그러했다. 우리는 긴 시간 그 젊은 여자의 도구들을 뚫어져라 쳐다보면서, 왜 우리가 세상에서 유일하게(〈내셔널 지오그래픽〉으로 판단하면) 여자들이 옷을 많이 껴입는 사회에 태어나는, 그런 믿기 힘든 불운을 겪게 된 건지 의아해했다. 그래서 그 당시에 여자들이 윗몸을 드러내고 일광욕하는 해변이 육로로 걸어서 갈 수 있는 곳에 있었다면, 우리는 밥 안 먹고도 배불러하며 거기서 굶어죽었을 것이다.

어쨌든 우리 세 사내들이 그 일광욕하는 여자를 봤을 때, 즉시 암암리에 서로 눈짓을 보내 '노출 가슴 경계 긴급 적색 경보'를 발령했다. 그런 다음 우리는 누가 거짓말 탐지기를 코앞에 들이대기라도 한 것처럼 '가슴에 실오라기 하나 안 걸쳤어! 끝내주는군!' 하는 생각을 머리에 떠올리지 않기 위해 대화에 지대한 관심을 쏟으며 여자들과 계속 잡담을 나누었다. 하지만 사실 우리 몸은 우리의 사용가능한 뇌력을 다음과 같이 쪼개고 있었다.

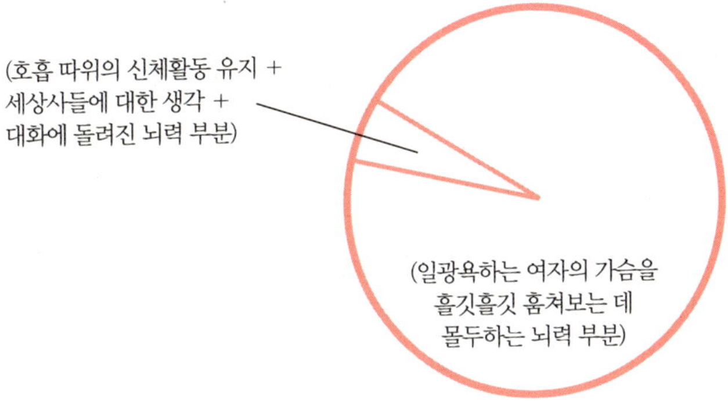

내가 강조하고 싶은 건 사내들이 특정 상황에서는 놀라운 시각적 집중력을 발휘할 수 있지만, 유감스럽게도 그들의 안구가 초점을 맞출 대상을 선택하고 결정하는 데 있어서는 그들에게 아무런 발언권이 없다는 사실이다. 이것은 그들이 자주 자기 아내의 외모처럼 특정의 미묘한 세부사항들은 보지 못한다는 뜻이다. 스틸과 보벳 리더라는 이름의 내가 아는 부부의 경우를 들어보자. 한번은 보벳이 자신의 헤어스타일을 바꾸기로 작정하고, 이해심 깊게도 스틸에게 주의를 주었다.

"스틸, 당신은 내가 머리모양을 바꾼 걸 알아본 적이 한 번도 없잖아. 그래서 이번에는 미리 말해줄게. 난 오늘 머리 모양을 새로 바꾸려고 해. 지금하고는 전혀 다른 모양으로."

그래서 그날 저녁, 직장에서 집으로 돌아온 스틸은 보벳을 보자마자 그녀의 머리가 굉장히 멋있다는 둥, 그전보다 훨씬 더 자기 마음에 든다는 둥 침이 마를 정도로 칭찬을 아끼지 않았다. 그가 워낙 그녀의 새로운 헤어스타일에 흥분한 터라 그녀는 그의 칭찬을 억지로 가라앉히며 말해야 했다. "스틸, 오늘 했던 예약이 취소됐어."

설사 사내들이 자기 여자의 머리를 알아챈다 해도 그들은 문제 상황에 처할 수 있다. 여기에 내가 존 마인스라는 한 사내에게서 받은 편지 일부가 있다. 그것은 그가 샤운이라는 이름으로 알고 있는 한 여성과 관련된 사건에 대해서 적혀 있다.

> 한번은 '퍼머'를 하고 난 아내를 마중하기 위해 여기 D.C에 있는 조지타운으로 차를 끌고 간 적이 있지요. 나는 아주 심한 교통정체로 완전히 얼이 나가는 바람에 길까지 잘못 들고 말았죠. 그래서 그녀와 만나기로 한 지점에 늦게 도착했어요.
>
> 샤운이 차에 올라탔습니다. 그녀의 긴 머리는 완전히 비비 꼬여 있더군요. 괜찮아 보였지만, 나는 여전히 운전에 온 신경을 집중하고 있었습니다. 잠시 후 그녀가 묻더군요. "당신은 마음에 들지 않는가봐."
>
> "아니야, 천만에." 나는 여자가 퍼머를 하면 목소리까지 변한다는 걸 알았습니다. 그녀의 목소리는 훨씬 애교스럽고 섹시해져 있었죠. 하지만 나는 여전히 앞만 바라보면서 손은 핸들을 꽉 잡은 채 이렇게 대답했습니다. "장담하지만 단 세 블럭 가는 데만도 1시간 30분은 걸릴 거야."

어쨌든 오늘날 샤운과 나는 그녀가 말하는 '가장 친한 친구' 입니다(사내라면 누구나 이 말이 섹스 상대를 뜻한다는 걸 안다).

또한 많은 사내들은 자기 자신을 자세히 보지 못하는 문제를 가지고 있다. 허리띠에서 5센티미터 정도 올라간 곳에서 멈추는 셔츠를 입은 탓에 축 늘어지고 배꼽 달린 11킬로그램짜리 군살—바지에서 달아나려는 흰둥이 애꾸눈 해마의 시건방진 돌연변이처럼 보이는—이 몸밖으로 튀어나왔는데도 자신이 대륙 전체에서 가장 멋진 종마라고 확신하면서 돌아다니는 사내들이 있는 이유가 여기에 있다. 또 일부 사내들이 미국령 사모아 섬 크기만한 자기 대머리 부위 위로 자연스럽고 심지어 매력적이기까지 한 방식으로 남은 머리칼을 빗어넘길 수 있다고 드러내놓고 자신하는 이유도 이것이고.

그리고 많은 사내들이 먼지를 보지 못한다. 그들이 집 안팎을 청소하는 일들에 전혀 믿음직스럽지 못한 게 이 때문이다. 이건 그들이 충분히 미숙하게 일하면 자기 아내가 더 이상 자기더러 집청소를 시키지 않는다고 배운 것이 부분적인 이유이기도 하지만, 주요한 이유는 먼지가 너무 납작해서 그들의 시력으로는 볼 수가 없기 때문이다. 물론 사내들도 강아지를 잡아먹을 수 있을 정도의 곰팡이 군체들이 여전히 우글우글 남아 있는 방식으로 화장실 '청소' 를 할 수는 있다.

이것의 변형이 '바닥 장님병' 이다. 내 아들 롭이 이 병을 앓고 있다. 평소의 그 애는 매의 눈과 흡사한 시력을 가지고 있다.

그 애는 칠흑 같은 어둠 속에서도 만화책이라면 얼마든지 읽을 수 있고, 견고한 씽크대 찬장문을 꿰뚫고 땅콩 초콜릿을 볼 수 있으며, 22킬로미터 떨어진 곳에서도 버거킹 간판을 찾아낼 수 있다. 하지만 그런 애가 마루 위의 물건들은 보지 못한다. 특히나 그게 자기 물건일 때는. 이따금 내가 롭에게 "롭, 네 방 정리정돈 좀 하렴"하고 말하면, 롭은 지겨워 죽겠다는 목소리로 대답한다. "이미 했어요." 그래서 나는 그의 방에 들어가 바닥을 검사한다. 그런데 바닥을 볼 수도 없다. 롭의 이런저런 잡동사니들이 층층으로 쌓여 바닥을 완전히 덮어버린 것이다. 덩치 큰 레슬링 선수가 그 아래 어딘가에 묻혀 있어도 분간이 가지 않을 정도다. 그래서 나는 법정에서 그의 방에 바닥이 있다고 증언할 수가 없다.

이처럼 사내들의 특이한 시각장애가 문제이긴 하지만, 다음에 말하는 사내 관련 질병에 비하면 시각장애 정도는 약과라 하지 않을 수 없다.

사내들의 기억상실증

여기서 기본적인 문제는 내가 언급했듯이 사내들은 뇌의 상당 부분을 1978년 '슈퍼볼 MVP'가 누구인지 같은 필수 사실들을 기억하는 데 할애하는 탓에 사소한 것들, 예를 들면 아기를 차 지붕 위에 올려놓은 일 같은 소소한 일들에 대해서는 전혀 기억하지 못한다는 데 있다.

여러분은 내가 과장하고 있다고 생각하겠지만, 그렇지가 않다. 주의 깊은 여러 독자들이 내게 보내준 1992년 〈보스톤 글로브〉지의 한 기사에 따르면 메사추세츠 주에 사는 한 사내가 어머니의 날 이렇게 했다. 두 아이를 가진 아이들 아빠였던 그는 아이들을 차에 태우고 있었다. 그는 20개월 된 딸에게 안전벨트를 채워줘야 한다는 사실을 기억해냈다. 하지만 이런 아이 돌보기 세목들을 한 사내가 기억해내는 데 필요한 집중도는 그의 두뇌 장치에 심한 긴장을 가할 수 있다. 그래서 그는 심한 사내 기억상실증에 빠져 3개월짜리 아들이 앉아 있는 유아용 카시트를 차 지붕 위에 올려놓았다는 사실을 잊고 말았다. 〈글로브〉지에 따르면 그는 290번 주간(州間)도로를 고속으로 달리는 중에 "차 지붕 위에서 나는 찍찍 긁는 소리를 들었을" 때 뭔가 이상하다고 느꼈다. (이것이 사내의 전형적인 행동방식이다. 그는 자기 아이 중 단 50%만이 자기와 함께 차 안에 있다는 건 알아차리지 못해도, 자기 차가 이상한 소리를 낸다는 건 알아챘다.)

어쨌든 3개월짜리 사내아이를 태운 카시트가 차 지붕에서 하늘을 날아 290번 주간도로에 착륙했을 때 그 차의 속도는 시속 80킬로미터 정도였다. 하지만 그 차시트는 안전하게 도로에 착륙했고, 아이도 다치지 않았다고 한다—이건 하나님도 사내라는 강력한 증거다. 그래서 그 이야기는 해피 엔딩으로 끝이 났다. 물론 이 특이한 사내가 그날(어머니의 은혜에 보답하는 날!) 있었던 일을 자기 아내에게 말하지 않을 수 없었다는 사실만 빼고.

아마도 당신은 이렇게 말할 것이다. "데이브, 공평하지 않은 것 아냐? 당신은 유감스럽긴 하지만 늘상 지적되어오던 남성의 한 측면을 굳이 강조하기 위해 순전히 우연적인 사건을 사용하고 있잖아? 여자가 자기 애를 차 지붕 위에 남겨놓고 차를 모는 경우도 얼마든지 있을 수 있잖아?"

천만에.

마찬가지로 나는 사내가 아니라면 누구도 1992년에 〈스크립스-하워드 뉴스 서비스〉가 보도한 또 하나의 '자동차 모험'을 책임질 수 없다고 생각한다. 여기에는 콜로라도 주의 한 사내가 관련되어 있는데, 이 사내는 두 아이의 엄마이자 자기 아내인 여자가 펜실베이니아 주의 주유소에 그대로 남아 있다는 사실을 알아채지 못한 채, 펜실베이니아 주 워싱턴 근처의 주유소에서 자기 밴을 몰고서 버지니아 주를 지나 오하이오 주까지 갔다. 그 사내는 아내가 밴 뒷자리에서 잠을 자고 있다고 생각하면서 오하이오 주 콜럼버스 시까지 거의 다 와서 차를 세우고—여전히 뭔가 이상하다는 걸 전혀 알아채지 못한 채— 한숨 자고 가기로 마음먹었다. 그렇게 1시간 반 정도 자고 났을 때에야 그는 자기 아내가 물리적으로 자기와 같이 밴에 있지 않다는 사실을 깨달았다. 이 지점에서 그는 차를 돌려 70번 도로를 따라 미친 듯이 동쪽으로 차를 몰기 시작했다. 그런데 서 버지니아 휠링까지 갔을 때 그의 차가 사슴을 치고 말았다. 이 사고로 그의 밴이 손상을 입는 바람에 그는 한 트럭 정류소까지 걸어갔는

데, 놀랍게도 거기서 그는 자기 아내와 재회했다. 민중의 지팡이인 경찰이 그녀를 서쪽으로 이송 중이었던 것이다.

이 사건이 일어난 날이 언제인지 맞춰보라.

그렇다, 어머니의 날이다. 이 역시 내가 지어낸 이야기가 아니다.

사내 기억상실증의 임상사례사 한 가지를 더 들어주겠다. 이건 미시건 주 마퀘트에서 발행되는 〈광산 저널〉지의 경찰 관련 면에 실린 것으로 주의 깊은 독자들인 티나와 댄 맥패딘이 내게 보내준 것이다. 그것은 자연이 불러도 마땅히 볼일 볼 휴게소를 찾기 힘든 농촌지역에서 차를 몰고 가던 한 부부에 관한 이야기다. 그 단신은 다음과 같이 시작한다.

월요일 밤, 위스콘신 주의 한 여성이 늑골이 부러지는 사고를 당했다. 그녀의 남편이 어쩌다가 그녀가 오줌을 누는 동안에 그들의 픽업트럭을 후진하여 그녀를 타넘었기 때문이다.

이 사고가 어머니의 날에 일어나지 않았던 건 기적이다. 하지만 이 여자가 좀이라도 생각이 있는 여자라면, 그녀는 어머니의 날이 돌아왔을 때 핵 대피소에 숨어 그날을 보내고 볼 것이다.

우리는 이런 예들을 통해서 사내 기억상실증은 주로 다른 사람에게 위험한 것임을 알 수 있다. 하지만 특이하게도 오로지 사내에게만 위험하고 상대적으로 가장 무서운 사내 질병이란 게 있다.

사내의 성기를 위협하는 것

나는 여기에서 사내들만이 성기를 갖는다고 주장하는 게 아니다. 나는 여자들도 성기를, 그것도 많은 성기를 갖는다는 걸 알았다. 하지만 여자들의 성기는 훨씬 더 성기답다. 그것들은 여자 몸의 다양한 아치 천장들 속에 안전하게 감춰져 있다. 반면에 사내 성기들—사내의 말초신경 중 반을 지니고 있을 뿐 아니라 그의 행동 동기 중 족히 83%는 지니고 있는—은 믿기 힘들 만큼 잘못된 디자인상의 결함으로 인해 불합리하게 취약한 방식으로[6] 허공에 덜렁덜렁 매달려 있다. 초대형 시계의 얼굴에 매달려 덜렁거리면서 재난이 일어나기를 기다리는 하놀드 로이드[7] 처럼.

거의 모든 사내들이 살아가면서 야구공이나 자전거 손잡이나 무릎 같은 것에 그 은밀한 영역이 한두 번 이상 외상성 충격을 당하게 되는데, 이건 사내들의 기억 속에 영원히 지워지지 않는 상처로 남는다. 나 역시 1960년 가을에 일어난 사건을 지금도 생생하게 기억하고 있다. 그날 우리는 중학교 수업을 일찌감치 끝내고 아이젠하워 대통령을 필두로 하는, 공화당 주최의 대집회를 구경하기 위해 뉴욕 웨스트체스터 공항으로 갔다. 엄청난 인파였다. 그래서 내 친구 에밀 소머와 나는 더 잘 보기 위

6_이건 어머니 자연이 여자임을 말해주는 또 하나의 증거이다.
7_채플린, 키든과 더불어 무성영화 시대의 3대 희극배우 중 한 사람—옮긴이

해 교대로 서로의 어깨에 올라탔다. 그런데 대통령을 둘러싼 무리가 우리 앞으로 가까이 다가오는 찰나, 나는 횃대에서 미끄러지면서 그 와중에 에밀의 팔꿈치에 내 물건을 심하게 찧이고 말았다. 돌로 된 대형 절구공이를 써서 그것을 찧지 않고서야 그보다 더 심하게 다칠 수는 없는 노릇이었다.

몇천 명의 웨스트체스터 군 공화당원들이 환호하는 한가운데서 끔찍한 통증으로 몸을 웅크리고 있는데, 그들이 "그가 왔어! 저기 그가 있어!"라고 외치는 소리가 들렸다. 고개를 들어보니 그 군중을 뚫고, 시뻘건 화염의 내 통증을 뚫고, 딕 닉슨의 달덩이처럼 웃는 얼굴과 없어졌다 나타났다 하면서 흔드는 그의 팔이 잠깐 내 눈에 들어왔다.

따지고 보면 그게 그의 잘못인 건 아니지만, 나는 그 때 이후로 불편한 심기를 동반하지 않고서는 텔레비전에 비치는 닉슨의 얼굴을 보고 있을 수가 없다.

하지만 이 사건은 1993년 10월 싱가포르의 한 사내에게 일어난 일에 비하면 새발의 피다. 〈싱가포르 스트레이츠 타임즈〉지에 실린 한 뉴스 해설을 인용해보자.

전 국가대표 투포환 선수이자 원반 던지기 챔피언이 어제 그가 앉은 화장실 변기에 숨어 있던 비단뱀에게 고환을 물렸다.

〈뉴욕 타임스〉가 중동에서의 긴장으로 지면을 채우는 것과 같은 정도로 이 기사로 지면을 채운 〈싱가포르 스트레이츠 타임즈〉 지는 사명감을 가지고 비단뱀은 안으로 굽고 바늘 같이 날카로운 치열(齒列)을 가지고 있기 때문에 그놈들은 "특히나 난처하게" 물곤 한다는 사실을 지적했다. 포크 켕 초이라는 이름의 그 희생자가(이 또한 내가 지어낸 이야기가 아니란 걸 알 수 있다) 병원에서 꿰매고 나서[8] 〈싱가포르 스트레이츠 타임즈〉 지가 그에게 어떻게 아프냐고 묻자 그는 우아하게 대답했다. "말로는 표현할 수가 없죠."

그 비단뱀을 변기에서 끄집어내는 데는 네 사람이 달려들어야 했다. 〈타임즈〉지는 포크씨가 그 변기를 사용하기 딱 45분 전에 한 여자가 바로 그 변기를 이용했지만, "아무 일도 일어나지 않았다"고 지적했다. 이것이야말로 '덜렁덜렁 신드롬'에서 기인하는 사내들의 극단적 취약성에 대해 내가 지금 여기서 주장하는 바를 그대로 입증해준다.

성난 야생동물이 남근을 깨문 또 하나의 사건은 영국 신문 〈선〉지가 1992년 9월자에서 보도하고 있다. 〈선〉지는 한 목수가 빌딩 용지에 놓인 이동화장실에 주저앉았는데, 검은 과부 거미가 "송곳니를 그의 남성 속으로 밀어넣었다"고 적고 있다. 나아가 그 기사는 그 남자가 "4일간을 병원에서 신음하며 보냈고", 그 때 이후로 소위 말하는 적극적인 애정생활이란 걸 갖지 않았다는 후일담까지 전하고 있다. 게다가 그때 이후로 그는 이동화장실을 대단히 두려워하게 되었다고 한다. 하지만 양쪽의

8_사내들이여, 이런 끔찍한 정황을 굳이 그려보지 말도록.

입장을 언제나 함께 전하려고 노력하는 〈선〉지는 이동화장실 생산업자들의 대변인 말을 인용했다. “이동화장실의 역사상 이런 일은 전에는 한 번도 일어난 적이 없습니다.”

나는 여기서 거미를 비난하는 게 아니다. 거미는 단지 자신의 집을 지켰던 것뿐이다. 당신이 자신이 쳐놓은 거미집 한가운데서 편안하고 안락한 기분을 느끼고 있는 거미라고 해보자. 당신은 이제 막 파리, 혹은 미스터 검은 과부 거미를 주식으로 한 멋진 식사를 마쳤다. 이제 당신은 밀려오는 식곤증을 이기지 못해 알주머니 속에 몸을 밀어넣고 느긋하게 낮잠을 즐기려는 찰나이다. 그런데 갑자기 거미줄, 말하자면 당신 집의 지붕이 뚫리면서 당신 것에 비하면 광고용 비행선 크기인 섹스 기관의 공격을 받는다. 당연히 당신은 분기탱천할 것이고, 그래서 우선 송곳니를 그것에 밀어넣고 볼 것이며, 질문은 나중에 던질 것이다. 하지만 거미의 이런 대처방식이 그 사내에게도 속 시원한 해결책이었던 건 물론 아니다.

사내의 성기를 위협하는 건 야생동물들만이 아니다. 사내들은 자기 속옷에게서도 공격을 받을 수 있다. 1991년 오리건주 윌드포트에서 출간되는 〈사우스 카운티 레지스터〉지에 다음과 같은 제목의 기사가 실려 있다.

성기에 라벨이 찍히고 나서 승소한 남자

그 기사는 이 사내가 백화점에서 속옷 몇 점을 구입한 다음, 그 속옷을 입고 잤는데, 깨어나보니 그 속옷의 검사확인 라벨—그 속옷은 12호로 검사받은 것으로 되어 있었다—이 그의 은밀한 성기에 붙어 있었다고 전한다. 그는 그것을 떼어낼 수가 없었다.

그래서 그는 그의 성기를 가지고 병원으로 갔다. 장담하지만 그가 사내였다면, 이건 전혀 불쾌한 사건이 아니었을 것이다. 틀림없이 그는 그 상황을 접수원에게 설명하는 것이 재미있었을 것이다. 특히나 그날 병원에 손님이 많았고, 그 접수원이 농담을 즐기는 사람이었다면 말이다. ("선생님, 긍정적으로 보시죠. 적어도 그건 검사를 통과했잖습니까!" 대기실에 있던 다른 환자들의 와- 하는 웃음소리.)

의사는 용매를 써서 그 라벨을 지울 수 있었다. 하지만 기사가 전하는 바에 따르면 그 후 그 사내는 "심각한 발진"을 겪었고, 그 발진은 치료를 받고 아물었지만, "검사 라벨의 크기와 모양이 사내의 그것에 영구적인 흉터"로 남게 되었다고 한다.

이런 류의 일을 특히나 룸살롱 같은 데서 자신에게 유리하게 이용할 줄 아는 몇몇 사내들도 틀림없이 있을 것이다("이봐요! 내 라벨 보고 싶지 않소?"). 하지만 변호사였던[9] 이 사내는 백화점을 상대로 소송을 걸었다. 자신이 자기 가족 내에서 "웃음거리가 되었다"고 주장하면서("아빠, 1호에서 11호까지 나머지 아빠들은 어디 있어?") 그는 결국 3,000달러의 배상금을 받는 것으로 타결을 보았지만, 그렇다면 이건 나 또한 닉슨씨를 상대로 소송을 걸 수 있다는 얘기가 아닐까?

하지만 응급조치와 관련된 불운한 사내의 최고 사례는 뭐니 뭐니 해도 존 보비트 사건이다. 그의 아내인 로레나가 그의 고추를 칼로 자른 다음, 차를 타고 나가 그걸 차창 밖으로 던져버린[10] 사건 말이다. 다행히도 경찰은 그 고추를 버린 지역 주변을 수색하여 그것을 찾아내[11] 병원으로 가져갈 수 있었다. 경찰은 병원에서 그것을 다른 다섯 개의 고추와 나란히 놓고 보비트씨더러 그 중에서 자신의 것을 확인하게 했다고 한다.

9_이 사실이 그 사건의 비극적 측면을 약화시켜 주지는 않지만.
10_이로 인해 그녀는 '쓰레기 무단 투기죄', 그녀의 남편은 '풍기문란죄'의 적용을 받았다.
11_ 비록 그 고추에는 라벨이 찍혀 있지 않았지만.

아니, 이건 농담이고, 그 물건은 외과수술을 통해 보비트씨의 몸에 다시 붙여졌고, 이 사건은 전국적으로, 아니 전세계적으로 굉장한 뉴스거리가 되었다. 그후 몇 주 동안 사람들은 텔레비전을 켤 때마다 여성 뉴스 진행자가 '고거 참 깨소금 맛' 이라는 얼굴로 줄줄 흐르는 웃음을 감추지 못한 채 기회 닿을 때마다 "부엌칼로 그의 고추를 잘라"란 구절을 써먹는 걸 보고 들어야 했다. ("우리의 냉전 전선은 존 보비트의 아내가 부엌칼로 그의 고추를 자른 버지니아 주로 옮아가고 있습니다.") 미국의 산업생산량도 수많은 사내들이 양손으로 자신의 물건을 가리고 돌아다니는 바람에 급격하게 떨어지고 말이다.

물론 오늘날 존 보비트의 고추는 명성의 원천이어서 그것만의 대리인과 성공적인 쇼 비즈니스 경력을 가지고 있다. 이 특별한 고추는 미국 부통령[12]보다 훨씬 더 유명하다. 그럼에도 불구하고 이건 사내들에게 가슴이 섬뜩해지는 사건이어서, 사내의 한 사람으로서 나 역시 부엌칼을 판매하거나 소지하는 것을 금지하는 법안이 한시바삐 상정되어야 한다고 생각한다. 또 나는 샐러드 연발총을 강제 등록하는 법안도 시행해야 한다고 생각한다.

나는 사내의 의료상황과 관련된 이 장을 다음 아이디어를 제시하는 것으로 마치고자 한다.

12_그의 이름이 뭐였더라?

진짜 부자가 될 수 있는 아이디어

그건 사내 메디칼 센터를 시작하면 된다. 그 센터의 표어는 '전립선? 웬 전립선?' 으로 삼을 수 있을 것이다.

그 센터의 의사들은 사내만의 특별한 의료 수요를 다룰 수 있도록 특별훈련을 받은 사내 의사들로 충원한다. 사내들은 치료를 받으러 이 센터에 오는 것을 겁내지 않을 것이다. 왜냐하면 그들도 자신들이 원하는 류의 의료적 배려를 얻으리란 걸 알 테니 말이다:

의사: 그래서, 뭐가 문제인가요?

환자: 음, 기침을 하면 피를 토하는 게 가장 큰 문제이고요. 거기다 온몸에 이렇게 벌어진 상처가 있고요. 그리고 가슴에서 진짜로 뻐근한 통증을 느끼고요. 이따금 물체가 둘로 보이고, 이런 작은 벌레들이 피부 밖으로 기어나오는 적도 있고요.

의사: 그건 그냥 삔 것일 뿐입니다.

환자: 제 생각이 바로 그겁니다!

사내에 관한 일곱 번째 보고서

사내와 폭력

박치기 유전자의 저주

 나는 여기에 〈샌프란시스코 크로니클〉지에 실린 기사 하나를 가지고 있다. 그 기사의 제목은 이러하다:

NAPA 작가, 남성성을 범죄의 주범으로 비난

이 기사는 준 스텝슨이라는 이름의 한 작가에 관한 것인데, 이 작가는 〈남자는 비용효용적이지 않다〉—이건 진짜 제목이다—는 책을 썼다. 기사에 따르면 범죄는 기본적으로 남자 문제란 게 스텝슨 부인의 기본 관점이라고 한다. 다시 말해 남자들이 범죄자가 되는 건 환경이나 사회의 영향 때문이 아니라 그냥 그들이 남자이기 때문이란 것이다.

"나는 모든 남자가 범죄자라고 얘기하는 게 아니다. 하지만 대부분의 범죄자들은 남자인 게 사실이다." 그 기사는 스텝슨 부인의 말을 인용한다.

나아가 그 기사는 "어린 시절에 겪은 포경수술 따위의 환경이 폭력행동을 유발할 수 있다"는 그녀의 확신을 전한다.

(여기서 주목할 만한 사실을 덧붙이면, 그러니까 사내에게서 폭력행동을 보고 싶다면, 뒤늦게라도 포경수술을 받게 하면 된다는 것이다.)

하지만 여기서 핵심은, 그 기사에 따르면 스텝슨 부인이 "여자들은 놔두고 남자들만 특별세 같은 것을 통해 교도행정 비용을 감당해야 한다"고 주장했다는 점이다.

그러니까 그건 '사내세' 란 걸 부과해야 한다는 이야기다.

나는 누군가는 결국 이런 주장을 펼 수밖에 없으리라고 생각해왔다. 왜냐하면 사내들은 폭력에 의지하는 것으로 명성을 휘날리고 있기 때문이다. 하지만 이 명성은 과연 근거가 있는 것일까? 폭력은 사내 문제라고 말하는 게 과연 정당한 일일까? 여자들은 샐러리를 써는 것 이상의 폭력적인 행동을 거의 하지 않는 반면에, 사내들은 이따금 성질 좀 부린다고 해서? 이따금 생각없이 주먹 좀 휘두른다고 해서? 이따금 화가 나서 총 좀 쏘거나, 이웃나라 좀 침범하거나, 아니면 비행기를 타고 올라가 민간인 거주 지역들에 몇천 개의 강력폭탄들 좀 떨어뜨린다고 해서?

좋다, 그러고 보니 사내들은 폭력문제를 가진 듯하다. 어쩌면 준 스텝슨이 옳을 수도 있다. 어쩌면 교도행정 비용에 충당하기 위해 사내들에게 특별세를 부과하는 게 당연할지도 모르겠다. 하지만 부디 공정해지자. 만일 우리가 교도비용을 위해 사내들에게 세금을 부과한다면, 여자들이 사회에 짐 지우는 여분의 비용에 대해서도 그들에게 세금을 부과해야 하지 않을까? 예를 들면 과학자들은 1980년 이후만 보더라도 미국사회는 가구를 어디에 놓을 것인가와 관련하여 최종결정을 내리지 못하고 낭비한 시간이 도합 875,000,000,000,000,000,000,000 시간에 달한다고 추산했다. 이 문제에 책임져야 할 건 사내들이 아니다. 내가 이 책의 서문에서 주장했듯이, 사내들이 가구 배치의 책임을 져야 했다면, 그들은 그것들이 어디에 있든 그대로 내버려뒀을 것이다. 그래서 세상 가구의 대부분이 여전히 고대 그리스 시대에 있었던 자리에 그대로 있거나 삭아서 먼지가 되었을 것이고.

또한 우리는 특정 성(性)들은 다른 특정 성들보다 귀중한 특정 자원들을 더 많이 소비한다는 사실도 고려해야 한다. 한 분야만 거론해보면, 만일 모든 사람이 사내라면 인류는 지금 생산되고 있는 신발 수의 20분의 1만 가지고도 충분히 잘 살아갈 수 있었을 것이다.

전화 사용은 또 어떤가? 우리나라의 귀중한 전화 자원 중 얼마나 많은 부분이 특정 순간에 친한 친구의 마흔 번째 생일을 어떻게 축하할 것인가 따위의 사안들을 놓고 공동 결정을 내리

려고 애쓰는 여자들에게 점유당하곤 하는지 생각해보자. 단언하지만 그 자원 낭비 정도는 사내인 당신의 상상을 초월한다. 왜냐하면 이런 종류의 결정을 내리는 두 여성은 그 상황의 모든 측면을 논의하고 싶어하기 때문이다. 나이 들어가는 것에 대해 그 친구가 어떻게 느끼는지와 나이 들어가는 것에 대해 그들 두 사람이 어떻게 느끼는지, 또 그들이 아는 모든 사람이 나이 들어가는 것에 대해 어떻게 느끼는지, 그리고 그 친구가 소규모 모임을 원하는지 어떤지, 그리고 만일 그렇다면 누구를 초대해야 하고 누구를 초대하지 말아야 하는지, 그리고 이 사람들이 초대받지 못한 것에 어떻게 느낄지, 그리고 만일 자신들이 초대받지 않았다면 자신들은 어떻게 느낄지, 그렇다면 초대하는 사람들의 수를 늘려야 할지 모르는데, 그렇게 되면 그 친구는 이것에 대해 어떻게 느낄지, 그리고 자신들은 이것에 대해 어떻게 느낄지, 또 다른 손님들은 이것에 대해 어떻게 느낄지, 그리고 어떤 종류의 음식을 내놓아야 할지, 주로 저지방식으로 대접해야 할지 어떨지, 혹은 그 친구가 자신이 살이 찌고 있기 때문에 그들이 저지방식으로 준비했다고 생각할지 모르니 그녀가 살이 찌고 있다는 걸 전혀 눈치채지 못했다는 걸 보여주기 위해 고지방식으로 준비하는 편이 좋을지 어떨지, 하지만 이건 자신들이 무심해보일 수 있으니 어쩌면 가장 좋은 건 저지방식과 고지방식을 섞거나 아니면 오로지 중지방식으로만 갈 수도 있지만 음식들의 크기를 작게 하는 건 어떨지, 하지만 이건 그 친구 눈에 너무 싸구려 음식 같이 보일 수 있으니 어쩌고 저쩌고 어쩌고 저쩌고 또 저쩌고 어쩌고 저쩌고 하는 끝없는 논의가 전화를 통해 이어진다. 두 여자는 이런 노력에 실제로 일을 추진하는 생산적 시간보다 12배나 많은 시간을 낭비할 수 있고, 식탁 가운데를 어떻게 장식할 것인가의 문제가 제기되면 총 시간은 쉽사리 몇 백 시간으로 늘어날 수 있다.

반면에 두 사내는 동일상황에서 이 문제를 놓고 사실상 전혀 시간을 낭비하지 않을 것이다. 왜냐하면 그들은 누구의 생일에 대해서도 전혀 알아차리지 못하는 논리적이고 효율적이고 경제적인 사내만의 기술로 그것을 처리할 테니 말이다. 그들은 그들의 친한 친구가 적어도 45살은 넘어서야지만 그가 40대란 사실을 알아차릴 것이다.

이렇게 해서 우리는 여성과 관련되어 상당한 경제적 비용이 존재한다는 사실을 알게 되었다.[1] 그러므로 만일 교도행정을 위한 특별세를 충당하기 위해 사내들에게 세금을 매기려고 한다면, 여성들이 낭비적인 행동에 몰두할 때 사회에 짐 지우는 비용을 충당하기 위해 여자들에게도 세금을 매기는 것은 아주 공정한 처사이다. 우선 개시로 스텝슨에게 〈남자들은 비용효용적이지 않다〉의 각 권에 대해 딱 7만 5천 달러씩만 세금을 매기고 말이다.

하지만 나는 이 장의 주제인 사내들과 폭력에서 너무 많이

1_내게도 화장실 휴지까지는 언급하지 않는 예의 정도는 있다는 걸 알아주길.

벗어나고 말았다. 그렇다, 사내들은 폭력적이다. 거기에 대해서는 의문의 여지가 없다. 이걸 믿지 못하는 사람은 그냥 풋볼 경기에만 가봐도 된다. 그러면 당신은 서로를 쥐어박고, 서로를 두들겨 패고, 엄청난 힘으로 서로를 땅에 때려눕히는 사내들을 보게 될 것이다. 하지만 이건 사내 팬들의 작태이니만치 약과다. 사내 선수들은 야만스럽다.

그렇다면 무엇이 사내들을 그토록 폭력적으로 만드는가? 이 질문에 대답하기 위해서 우리는 인간 사내의 유전적 기질을 고려해야 한다. 누구나 다 아시다시피 사람 몸세포 하나하나에는 '아메리카의 이중수소핵어쩌구DinohydroNuclearsomethingsofAmerica'의 약자인 'DNA'라고 불리는 작은 분자(아니면 '원자'이거나)가 들어 있다. 그리고 이 DNA 분자 속에는 머리칼의 색이나 신발 사이즈, 그리고 주민등록번호 같이 당신을 특정 개인으로 만드는 데 필요한 모든 정보들을 비밀 암호로[2] 제공하는 '유전자'라는 작은 전자들로 이루어진 끈이 들어 있다.

여기서 중요한 사실은 유전자들 중에는 남자나 여자 어느 한쪽에만 있는 유전자들이 있다는 것이다. 예를 들어 모든 여성들은 대중목욕탕의 여탕에 우유가 구비되기를—먹기 위해서든 아니면 다른 용도로 쓰든— 바라는 유전자를 지니고 있다. 이와 마찬가지로 남자들도 과학자들이 폭력성과 직접 관계가 있다고 믿는 남자들만의 유전자를 가지고 있다.

2_너구리 따위의 다른 종(種)들이 훔쳐가는 것을 막기 위해.

내가 이야기하는 것을 여러분이 좀더 명확하게 그려보려면 사내 DNA분자의 다음과 같은 과학적 도해를 보면 된다.

박치기박치기박치기박치기박치기박치박치기기……

그림 : 사내 DNA 분자(실제 크기와 같음)

만일 당신이 당신 안구 따위의 섬세한 과학적 도구들을 사용해 이 분자를 자세히 살펴보면, 당신은 그 안에 솜씨좋게 글로 새겨놓은 사내 폭력의 뿌리원인, 즉 박치기 유전자를 보게 될 것이다. 실제로 여자에게서는 절대로 발견되지 않는 이 유전자가 이런 이름을 얻게 된 것은 다른 무엇보다도 그것이 이따금 사내로 하여금 다른 사내의 머리를 부여잡고 자신의 머리를 쑤셔박게 만드는 억제할 수 없는 충동에 사로잡히게 한다는 사실에서 기인한다. 그렇다, 이건 야만적이고 난폭한 본능이다. 하지만 몇백만년 동안 그것은 인간종의 생존을 위해 필수불가결한 것이었다.[3] 당신은 이런 행동방식을 자연 속 어디에서나 볼 수 있다. 예를 들어 사내 늑대는 자신의 늑대 무리가 먹이 먹는 순서를 확립하고 나면 끊임없이 서로에게 박치기를 시도한다. (캥거루 따위의 수컷 유대류들은 수건을 채가기도 한다.)

3_행여 나한테 그 이유를 묻거나 하지는 말 것.

유감스러운 건 박치기 유전자는 문명화된 현대사회에서 설 자리가 전혀 없다는 것이다. 박치기 유전자는 현대사회에서 폭력범죄와 인종말살과 무선통신기기 판매광고 같은 심각한 문제들을 만들어낼 수 있다. 게다가 이제 우리는 공식적으로는 '바람 시어'(바람의 진행방향에 대해 수직 또는 수평 방향의 풍속변화율—옮긴이) 탓으로 돌려진 많은 경비행기 사고들이 실제로는 이륙 동안에 다른 비행사에게 박치기를 가하려는—FAA 규정[4]을 감히 거역해서— 동료비행사에 의해 야기되었다는 사실을 안다. 그리고 1991년 이라크가 초대형 국제 박치기를 쿠웨이트에 선물하려고 작정했을 때 벌어진 비극적 사건들을 사람들은 아직도 기억할 것이다.

이 유감스런 사내의 생리구조 측면에 대해 무엇을 할 수 있을까? 물론 한 가지 확실한 해결책은 핀셋을 써서 사내 몸의 몇십억 세포들 하나하나에서 모든 박치기 유전자들을 외과적으로 제거하는 것이다. 남자에서 여자로 바뀐 모든 트랜스젠더들이 받은 수술이 이것이다. 하지만 그 많은 수의 사내들 일반에게 이런 수술을 시행한다는 건 불가능하다.

아니다, 해결책은 박치기 유전자를 제거하는 데 있지 않다. 해결책은 그 결과적인 행동에 대해 안전한 출구를 제공하는 것, 박치기 에너지를 볼링이나 국방처럼 상대적으로 무해한 활동으

4_9장 7절 3.2.4조에 "고도 4,500미터 이하에서는 박치기 금물"이라고 분명하게 나와 있다.

로 돌리는 것이다. 때려눕히고 터트리고 불 지르거나 고함 지르는 것과 관련된 활동이면 모두 다 박치기 에너지를 쏟아내는 데 이상적이다.

내가 펜실베이니아 주에 살 때, 단골로 다니던 에드라는 이름의 카센터 주인은 눈매가 사납고 험상궂은 인상에다 턱수염까지 기른 사내였다. 나는 에드가 폭죽에 빠지지 않았다면 사회에 심각한 위협이 되었을 거라고 확신한다. 그는 엄청난 양의 폭죽을 사서, 자신의 카센터에서 그것들을 분해하여 열심히 연구하곤 했는데, 차 수리 작업을 거의 하지 않는 것으로 이런 활동에 몰두할 시간을 만들 수 있었다. 나는 그가 내 카마로를 수리하는 문제에서 좀이라도 진척이 있었는지 알아보기 위해 에드의 가게를 정기적으로 방문했다. 내 1975년형 카마로는 일 년 중 반 이상을 에드의 가게에 24시간 놓여 있는 것을 기본으로 했다. 에드가 어쩌다 짬을 내 그 차의 트랜스미션을 수리할 경우를 대비해서 말이다.

한번은 에드의 가게를 찾아가 보니 문에 '닫혔음' 이라는 안내판이 걸려 있었다. 하지만 나는 개의치 않았다. 이 안내판은 에드가 즐겨 사용하는 고객 기피 전술의 일부여서, 늘상 가게문 앞에 걸려 있다시피 했으니까.[5]

나는 카센터 문을 열고 안으로 들어갔다. 가게 안이 뿌연 폭죽연기로 가득차 있어 한치 앞이 안 보였다. 그래서 그 구름 속

5_내가 과장하는 게 절대 아니다.

을 향해 소리쳤다.

"에드? 나요! 데이브! 내 차를 좀 손봤는지 어땠는지 궁금해서……"

그 순간 뻥- 하고 뭔가 터지는 소리가 났다. 발밑을 보니 소형 종이상자 탱크가 불꽃 소나기를 내뿜고 작은 대포를 산발적으로 쏘아대면서 그 푸른 연기의 미로를 뚫고 나를 향해 달려오고 있었다. 그 어둠 속 뒤쪽에 서 있는 에드의 모습이 언뜻 내 눈에 비쳤다. 그는 얼굴을 잔뜩 찌푸린 채 그 탱크를 지켜보고 있었다. 그리고 어둠 속에서 들려오는 그의 말소리.

"난 이제 막 이것들을 오하이오 주에서 사왔소. 그런데 지난번에 테네시 주에서 사온 탱크보다 못한 것 같아요, 안 그래요? 소리도 크지가 않고." 에드는 소리가 큰 걸 정말로 좋아한다.

"에드, 내 카마로의 트랜스미션은요?"

"만일 속 시원한 소리를 듣고 싶다면, 이걸 한번 들어봐요." 에드의 대답.

그리고는 그가 다이나마이트 막대기 같아 보이는 것에 불을 붙이더니 그것을 바닥으로 던졌다. 그러자,

꽝!

(이 폭발이 일어난 것은 1983년임에도 불구하고 여전히 내 귓가를 울리고 있다.)

"이 정도면 쓸만하죠?"

"굉장하군요, 에드. 그런데 잠깐만, 내 차를 좀 손볼 새가 있

었는지……"

"당신에게 보여줄 게 있소. 내가 구입한 건데…… 잠깐만요."

그는 창가로 가서 창밖을 빼곰히 내다보았다. 누군가가 이제 막 가게 앞에 차를 갖다 댄 것이다. 에드는 낯선 사람이 오는 걸 싫어했다. 왜냐하면 그는 언제나 에드더러 자기 차를 수리하게 만들기 때문이다. 하지만 그게 누구였던, 가게가 닫혔다는 안내판을 본 그는 다시 차를 몰고 가버렸다.

다시 내게로 고개를 돌린 에드가 말했다. "강력접착 총을 구입했어요."

"그게 내 카마로를 고치는 데 필요한가 보죠?"

에드가 박장대소 하며 웃었다. 좋았어, 역시 난 직업적인 유머작가야! 그래도 내 카마로가 여기에 맡겨져 있다는 사실은 상기시켰잖아. 카마로를 고친다구? 하! 그럴 리가 없지.

강력접착 총은 에드가 자기 폭죽들을 제조하는 데 쓰기 위한 것임이 드러났다. 그가 그 당시 몇 주 동안 테네시 주와 오하이오 주에서 구입한 폭죽들보다 훨씬 더 강력하고 훨씬 더 큰 소리가 나는 폭죽들을 제조하는 데. 나는 그후 에드가 직접 제조한 그 신생폭죽들의 시험발사를 구경한 적이 있는데, 장담하지만 저 과격파 이슬람 근본주의자들이 1992년에 에드를 자기네 조직원으로 포섭했더라면, 세계무역센터 건물은 지금쯤 세계무역 구덩이로 일컬어지고 있을 것이다.

하지만 내가 지적하려는 건 폭죽이 에드를 위해서도, 그리고 사회 전체를 위해서도 큰 도움이 되었다는 것이다. 왜냐하면 그것은 에드에게 그의 박치기 유전자 경향을 상대적으로 무해하게 배출할 출구를 제공했기 때문이다. 게다가 그의 이 경향은 차 수리 회피라는 벅찬 업무를 줄다리기와 뻗대기로 감당해야 하는 데서 오는 긴장으로 더욱 악화되곤 했다.

나는 그런 발산이 없다면 사내들은 위험한 존재일 수 있다고 확신한다. 당신도 단지 그 망할 놈의 소형 케첩 봉지를 이빨로 찢어서 열어야 하는 데 화가 나고 지쳤다는 이유만으로[6] 갑자기 머리꼭지가 돌면서 버거킹에 있던 사람들 모두를 죽이고 만 사내에 대해 이웃사람들이 이구동성으로 뭐라고 말하는지는 알 것이다. 이웃들은 입을 모아 말한다. "그는 참 조용한 사람이었는데!" 그리고 그들은 곧잘 덧붙인다. "그는 폭죽 같은 건 절대 터트리지 않았다구!"

그러니 이유 없이 차를 몰고 연못으로 뛰어든다든지, 지붕 위에서 피아노를 밀어뜨리면 어떻게 될지 알아보기 위해 피아노를 들고 끙끙거리며 6층 건물 꼭대기까지 올라간다든지, 해상 조명탄을 호박에다 대고 쏘는 따위의 어리석고 의미 없고 낭비적이고 파괴적이고 유치한 행동들 같아 보이는 것에 몰두하는 사내들을 보게 되면 그들을 비난해서는 안 된다. 오히려 우리는 폭력적 충동을 발산할, 합법적이고 사회적으로 용인되는 방식, 게다가 그다지 치명적이지 않은 방식을 찾아낸 그들을 축하해줘야 한다.

6_이 문제라면, 나 역시 공감하는 바이다.

내가 노벨평화상 선정위원회가 진공청소기를 폭발시키는 분야에서 이룬 선구적인 업적에 대해 '시카고랜드 코르베어[7] 찬미자 클럽'에 속하는 사내회원들에게 상당액의 상금을 주는 문제를 고려해야 한다고 생각하는 이유가 여기에 있다. 이 업적은 내가 지어낸 이야기가 아니다. 나는 시카코랜드 코르베어 찬미자의 회원들인 래리 클레이풀과 커크 파로가 내게 보내준 멋진 비디오테입을 통해 그들의 활동을 직접 목격했다.

그 배경은 이렇다. 하루는 클레이풀과 파로가 '미국 코르베어 협회'[8]의 공식 기관지인 〈코르사 콤뮤니케〉라는 잡지를 읽다가 다음과 같은 제목의 기사를 보게 되었다고 한다.

진공청소기는 흡입관으로 쓸 수 없다

그 기사는 체스 이어맨[9]이라는 사람이 작성한 것이었는데, 그는 그 기사에서 자신의 네 대의 코르베어[10] 중 하나로 휘발유를 빨아들이려 했을 때 어떤 일이 일어났는지를 적고 있다. 휘

7_코르베어Corvair: 미국 세브로렛 사가 1960~1969년 동안에 생산한 승용차종. 엔진이 뒤쪽에 붙고 트렁크가 자동차 앞쪽에 있는 특이한 디자인과 고속주행 능력 등으로 지금까지도 자동차 마니아들의 많은 사랑을 받고 있는 차종—옮긴이

8_단종된 코르베어의 부품 공급과 정보 교환을 목적으로 1969년에 세워진 코르베어 운전자들의 모임—옮긴이

9_이건 실명이다.

10_놀랄 노자군! 코르베어가 네 대씩이나!

발유가 자기 입안에 들어오는 것이 싫었던 그는 흡관 끝에다 진공청소기 호스를 갖다붙여 휘발유를 빨아들이기로 작정했다. 이건 두말할 것 없이 그 안에서 불꽃이 튀어다니면서 작동하는 전기모터 안에 휘발유를 직접 집어넣는다는 뜻이다. 그래서 체스 이어맨이 아는 바로는, 그러고 나니까 진공청소기 안에서 폭발이 일어나면서 '제트엔진' 처럼 청소기의 꽁무니에서 불꽃이 확- 하고 뿜어져나오더라는 것이다.

다행히도 이어맨은 진짜 불상사가 벌어지기 전에 진공청소기의 전원을 뺄 수 있었다. 하지만 이것은 사실 진공청소기로 휘발유를 빨아들이는 건 대단히 위험하다는 사실을 가슴 섬뜩한 실례를 통해 알려주기 위한 훈계성 기사였다. 그런데 래리 클레이풀과 커크 파로가 그 기사를 읽었을 때 사내로서 그들이 보인 자연스런 반응은, 야, 멋지다였다.

"그런 모험을 안 해보고 넘어갈 수는 없는 일이죠." 이건 그들이 내게 보낸 편지에 적었던 표현 그대로다.

그리하여 1980년대의 여러 해들이 지나고 나자 이제 불타는 진공청소기 시합은 '시카고랜드 코르베어 찬미자 클럽'의 7월 4일 정기야유회에 온갖 사내들을 끌어모으는 인기 종목으로 자리잡게 되었다. 당신도 그 비디오테입을 한번 보는 게 좋을 것 같다. 왜냐하면 나로서는 그냥 말만으로 이 행사의 뜨거운 열기를 전달하기가 힘들기 때문이다. 하지만 어쨌든 해보자.

해마다 시합 참가자들은 직접 가져온 진공청소기를 들고 청소기의 상표별로 모여 팀을 구성한다(후버 청소기 팀, 월풀 청소기 팀 등등). 그런 다음 이 진공청소기들이 하나씩 차례로 경기장에 들어가면 사회자는 확성기[11]를 통해 그것들을 관중들에게 소개한다. 소개를 마치고, 청소기 주인이 청소기 노즐을 휘발유가 담긴 납작한 번철 안에 놓고, 모두가 안전한 위치로 멀찌감치 물러서면, 그 진공청소기는 240볼트의 전원에 연결된다. 모터가 돌기 시작해 노즐을 통해 휘발유를 빨아들이도록 말이다.

보통 2, 3초 동안은 아무 일도 일어나지 않다가 펑 하는 폭발소리와 함께 진공청소기가 공중으로 2, 3인치 튀어오른다. 이것은 언제나 관중들의 박수를 받는다. 그 다음에 일어나는 일은 진공청소기에 따라 다양하다. 어떤 모델들은 시커먼 연기만 내뿜다가 멈춰선다. 이건 관중들의 야유를 받는다. 하지만 족히 몇

11_당연히 그들에게도 확성기 정도는 있다.

초 동안 꽁무니에서 족히 몇 피트 길이의 불꽃을 분사하는 모델들도 있다. 2, 3분을 넘기는 모델은 거의 없는데, 더 오래 작동할수록 사회자의 조장에 따른 관중의 환호도 그만큼 커진다. 이따금 불꽃이 멈추면 그때마다 반드시 누군가가—이건 언제나 맥주를 많이 마신 똑같은 사내의 목소리로 들리는데— "휘발유 더!"라고 외친다. 상자형 모델들—이것들은 특히 관중들에게 인기가 있어서 이 모델이 등장하면 관중들은 우레와 같은 응원의 박수를 보낸다— 중에는 뚜껑이 카메라의 시야에서 벗어나서 날아갈 정도로 격렬하게 분해되면서 폭발하는 것들도 있다.

"상자형 청소기의 뚜껑이 10미터 넘게 솟구치는 경우도 자주 있지요." 클레이풀과 파로의 설명이다.

이렇게 출전 진공청소기가 장렬한 전사 장면을 다 보여주고 나면 그것은 끌어내어져 꺼멓게 타고 부서진 채 여전히 연기를 풀풀 내뿜으면서 점점 그 높이를 더해가는 기계더미 위로 던져진다. "나쁘지 않았어, 후버 2번 선수!", "우리 유레카 선수에게 애도의 박수를 보냅시다" 같은 사회자의 멋진 코멘트를 들으면서.

경기 중간중간에 우연히 카메라 앞을 지나가는 여자—감자 샐러드 따위를 더 가지러 간다든지 해서—의 모습이 비치는 경우들이 있는데, 사내들이 과업을 수행할 때는 언제나 그렇듯이 그 여자들은 다른 진공청소기의 출전을 준비하는 데 열심인 사내들 쪽을 보면서, 사내들이 멍청한 건 알았지만 이 정도로까지 멍청할 수 있으리라곤 예전에 미처 몰랐다는 의미가 역력한 방식으로 머리를 절레절레 흔들곤 한다.

이 경우에도 여자들은 불타는 진공청소기 시합이 사실 사내들이 상대적으로 긍정적으로 몰두할 수 있는 활동이란 점을 이해하지 못했다. 그 사내들이 이런 배출구를 갖지 못했다면, 훨씬 더 심각한 결과를 낳을 수 있는 일에 쉽사리 개입하고 말았으리란 점을 말이다. 내 장담하지만 우리 중 누구도 어느 날 아침 조간신문을 펼쳐들고 '원자력으로 움직이는 코르베어 자동차를 실험하다 시카고, 증발되기 일보직전'이라는 제목을 읽고 싶어하지는 않을 것이다.

천만에, 불타는 진공청소기 시합은 잘하는 짓이다. 하지만 나는 그것이 몹시 위험할 수도 있기 때문에 아마추어들이 흉내내서는 안 된다는 사실을 강조하고 싶다. 그걸 하는 사내들은 숙련되지 않은 일반인들이 아니다. 그들은 적어도 코르베어 찬미자들이다. 그리고 그들은 확성기를 급조하는 따위의 결정적인 안전조치들을 취한다. 그러니 진공청소기를 휘발유 흡입관으로 사용해서는 안 되고, 어떤 상황에서도 이와 비슷한 일을 당신이 몸소 시도해서는 안 된다는 사실을 잊지 말아야 한다. 그런데도 당신이 그렇게 한다면, 부디 내게 때와 장소를 알려주기 바란다.

사내에 관한 **여덟 번째 보고서**

사내와 가사노동 (오르가슴에 대한 논의도 함께)

혹은 사내들이 수학을 잘 하는
이유에 대한 감춰진 진실,
혹은 기준의 기원,
혹은 사내들이 빨랫감에 코를 푸는
아주 그럴듯한 이유,
혹은 춘충이라고
너무 질색하지 말자구요

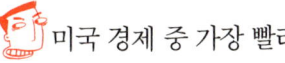

미국 경제 중 가장 빨리 성장하는 분야는 틀림없이 남자들이 뭐가 문제인지를 여자들에게 물어보는 설문조사 분야일 것이다. 대략 이틀에 한 번 꼴로 당신은 신문에서 미국여성의 92.7%가 남자들이 이런저런 분야에서 딱할 정도로 서투르다는 데 동의하는 기사들을 읽을 수 있는데, 그들이 남자의 능력부족으로 거론하는 영역은 크게 보아 다음 두 가지이다.

- 가사노동
- 오르가슴

내가 '오르가슴'이라고 말할 때, 사내들이 오르가슴을 느끼지 못한다는 이야기는 당연히 아니다. 사실 사내들은 쓸데없이 오르가슴을 너무 많이 느낀다. 대부분의 사내들은 일부 여성들(내가 여기서 염두에 두고 있는 건 마가렛 대처 여사이다)이 평생에 갖는 오르가슴보다 더 많은 오르가슴을 단 하루 동안에(내가 여기서 염두에 두고 있는 하루는 대학교 진학을 앞두고 맞게 되는 방학 중 어느 하루이다) 가진다.

아니다, 여자들의 가장 큰 불만은, 정확히 말하면 사내들이 남의 오르가슴을 유발해주지 못하는 경우가 잦다는 데 있다. 이건 사내들의 생리구조가 내가 2장에서 설명했듯이 자극의 종류를 사실상 불문하고(여기서 내가 염두에 두는 자극에는 마가렛 대처 여사가 포함되지 않는다) 자극을 받음과 동시에 오르가슴에 이를 능력을 사내들에게 줌으로써 인류의 생존을 보장할 수 있도록 설계되었기 때문이다.

이런 능력은 원시 인류가 한시도 경계심을 늦춰서는 안 되는 환경 속에서 살던 몇백만년 전에는 사활적인 중요성을 가지고 있었다. 그 당시의 사내에게는 분위기를 잡기 위해 키스하고 포옹하고 쓰다듬고 자신이 뜯어먹고 있던 고기 뒷다리를 내려놓고 하는 따위의 전위행동에 많은 시간을 들이는 것이 허용되지 않았다. 사내들은 맹수와 싸우거나 사냥을 하거나 생리적으로 중요한 낮잠 잘 태세를 갖추기 위해 여자를 가지고(혹은 여자를 구할 수 없을 경우에는 자기 손이나 선사시대 〈플레이보이〉 잡지[1]를 가지고) 곧바로 오르가슴에 이르러야 했다.

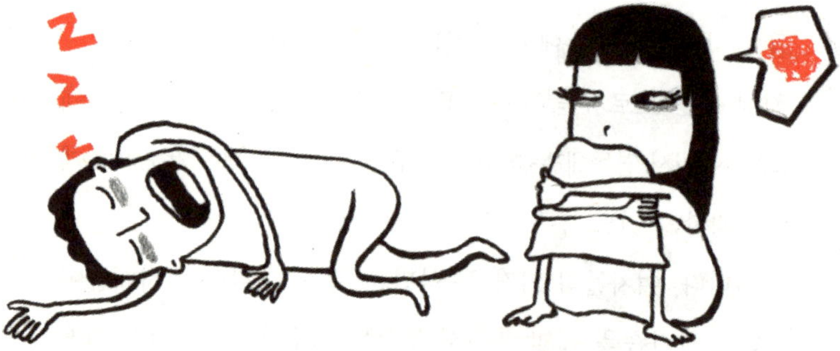

1_이번 달의 특집 화보는 "구석기 시대의 소녀들"이다.

하지만 유감스럽게도 현대사회에서는 잽싸게 오르가슴에 이르고 나서 코를 골며 자는 이 능력이 더 이상 예전처럼 숭배받지 않고 있다. 특히나 여성들 사이에서는. 현대 여성들이 이상적인 남성상으로 열거하는 자질들 중에서 "순식간에 해치우는 사정근(筋)"이란 항목은 목록의 저 아래쪽, "다량의 지저분한 콧털" 다음에 오는 게 보통이다.

따라서 우리는 다음 표에서 보듯이 남자의 성적 욕구와 여자의 성적 욕구가 근본적으로 불일치하는 문제를 지니고 있다.

오르가슴에 이르는 데 걸리는 평균 시간

남자	똥파리	여자
2.3 (단위: 초)	4.7 (단위: 초)	5.6 (단위: 드라마 "종합병원"의 사건 개수)

이런 불일치가 많은 불행을 야기하는 건 남자와 여자가 섹스를 나누려고 할 때 여자가 준비되기도 전에 남자가 절정에 이르고 마는 경우가 비일비재하기 때문이다. 이따금 남자는 물리적으로 여자가 방에 들어오기도 전에 절정에 이르고 만다.

이 문제와 관련해 온갖 비난을 받는 쪽은 당연히 사내들 쪽이다. 사실 정말 억울하다. 이 때문에 당신도 한 번 정도는 사회의 지도층 인사들(여기서 내가 염두에 두고 있는 건 경제 관료들이다)이 기자회견을 열어 이렇게 대국민 호소문을 낭독하는 방안을 생각해보았을 것이다. "이봐요! 여성분들! 모든 사람이 경제를 성장시키고 필요한 일자리를 창출하는 데—월요일 밤의 풋볼시합을 보는 데는 물론이고— 더 많은 시간을 쓸 수 있도록 오르가슴에 더 빨리 이르도록 애써봅시다."

하지만 천만에. 거의 늘상 그렇듯이 변화의 책임은 오로지 사내들의 어깨 위에만 떨어진다. 그래서 오랜 세월에 걸쳐 사내들은 오르가슴을 늦추는 다양한 기법을 개발해왔는데, 그 중 한 범주는 이러하다.

신체 기법

신체 기법으로 가장 효과적인 건 속세의 가장 위대한 몇몇 연인들(여기서 내가 염두에 두고 있는 방법에 대해서 말해준 사람은 내 친구 톰 쉬로더이다)이 오랜 세월에 걸쳐 완벽의 경지까지 다듬어낸 기법으로, 사내가 절정에 이르려고 하는 찰나에 철제 침대 난간에 머리를 세게 들이받아 골프공만한 혹이 머리에서 솟아나게 만드는 것이다. 또 다른 효과적인 신체기법은 결정적인 순간에 침대 속에 슬며시 기어들어와 있던 사내의 개—개 코의 표피온도는 영하 10도이다—더러 사내가 벌거벗고 있는 지금, 그의 고추 냄새를 맡아보게 만드는 것이다.

사내:…… 음, 음, 그래……

여자:…… 그래, 그래, 그래그래그래……

사내:…… 그래그래그래그래그래그아악 차가워어

물론 신체 기법을 모든 상황에서 다 이용할 수 있는 건 아니다. 예를 들어 데이트에서 죽이 잘 맞아 관계를 급진전시키기로 암묵적인 합의를 보긴 했지만, 그녀가 사는 곳으로 가기로 결정할 수도 있는 것이다. ("먼저 내 아파트에 들르면 안 될까? 우리집 개를 데려와야 해서 말이야.") 오르가슴에 이르는 걸 늦추고 싶어하는 사내들이 다음의 기법도 함께 개발하지 않을 수 없었던 이유가 여기에 있다.

심리 기법

이 분야 기법들 중 제일 가는 기법이 수학 기법으로 사내들이 섹스를 나누는 동안 수학문제를 풀어 관심을 다른 곳으로 돌리는 경우이다. 이 기법은 왜 획기적인 수학공식들 대부분을 사내들이 발견해냈는가를 설명해준다. 그건 사내들이 수학에 소질이 있는 것과는 아무런 관계가 없다. 그건 사내들이 섹스를 하고 있다는 사실에서 관심을 돌리기 위해서 수학에 대해 생각하려고 미친 듯이 애쓰는 것과 관계가 있다. (사실 당신도 아이작 뉴턴이 중력을 발견했을 때 사과나무 아래에 앉아 있었다고 믿지 않는다—날 살려주는 셈 치고 제발 그렇다고 해라.)

그런데 수학 기법의 문제는 미국인들 수학능력의 전반적인 하락으로 많은 사내들이 계산기 없이는 수학문제를 풀 수가 없다는 데 있다. 그런데 계산기는 아무리 우아하고 점잖은 방식으로 사용해도 그 낭만적인 분위기를 한순간에 박살낼 수 있는 그런 기계가 아닌가? 이 때문에 더 많은 사내들은 정말 너무나 매력적이지 않은 뭔가 혹은 누군가를 그려보는 기법을 대신 사용하고 있다. (여기서 나는 다시 한번 마가렛 대처 여사를 염두에 두고 있다. 아니면 극단적인 경우에는 가죽끈 스타일의 목욕가운을 입은 스모선수를.)

내가 지적하려는 건 수많은 사내들이 자신들의 배우자를 만족시키기 위해 엄청난 노력, 때로는 고통스런 노력을 하고 있지만, 일반적으로 인정되는 성적 수행능력의 기준을 맞추기엔 유감스럽게도 여전히 전혀 가당치 않다는 점이다. 그런데 당신은 왜 그런지 그 이유를 아는가? 그건 기준을 세운 게 여자들이기 때문이다. 바로 이게 이유다. 그리고 나는 성적 기준에 대해서만 말하는 게 아니다. 나는 모든 기준들에 대해 말하고 있다.

이건 여자들이 기준을 발명했기 때문이다. 그 일은 몇백만 년 전의 한 운명적인 날, 원시인 사내들 모두가 야생동물을 사냥하거나 창으로 코를 후비거나 하는 따위의 중요한 사내 업무를 수행하기 위해 숲에 가고 없을 때에 일어났다. 그날 여자들은 마을에 남아서 부드럽게 만들다 못해 먹을 게 없을 정도로— 이야기에 너무 열중하다 보니— 열심히 뿌리를 찧고 있었다고 한다. 그런데 갑자기 그 중 '똑똑한 여자' 로 통하는 여자 한 명이 다른 사람들에게 말했다. "지금쯤 우리에게 필요한 게 뭔지 알아? 우리에겐 기준이 필요해."

그러자 다른 여자가 말했다. "맞아, 그런데 '기준' 이란 게 뭐지?"

그러자 똑똑한 여자가 대답했다. "기준이란 우리가 우리 짝들에게 '뭘 해서는 안 돼' 라고 말하는 거야. 예를 들어 우리는 '동굴 안에서 오줌 누지 마' 라고 할 수 있어."

그러자 다른 여자가 눈을 동그랗게 뜨고 물었다. "우리가 그렇게 말할 수 있다고?"

그러자 똑똑한 여자 왈, "왜 안 돼?"

다시 다른 여자 왈, "하지만 우리 짝들이 뭣 때문에 우리 말을 따르겠어?"

"왜냐하면 우리가 특정한 방식으로 그들을 쳐다볼 테니까." 그러면서 똑똑한 여자는 그녀가 지금껏 연습해오던 새로운 얼굴표정을 시연해 보여주었다. 그건 오직 여자들만이 지을 수 있는 표정으로, 남자들로 하여금 정확히 이유는 모르지만 자기가 큰 잘못을 저질렀다는 걸 깨닫게 만드는 신비한 힘이 있는 표정이었다.

"우와~" 이건 모여 있던 여자들이 함께 지른 탄복의 합창이다. 그러자 그들 중 한 명이 말했다. "'섹스 하는 동안에 물고기 뜯어먹지 마' 는 어때? 이것도 기준이 될 수 있을까?"

"그럼, 당연하지."

똑똑한 여자의 이런 자신감에 힘 입어 또 다른 여자가 물었다. "우리가 '당신은 짝에게 슬며시 다가와 얼굴을 그녀 코 앞에 대고 맘모스 눈깔이 든 입을 쩍 벌리는 엽기적인 장난[2]을 쳐서는 안 된다' 고 할 수도 있나?"

"물론이지."

그러자 또 다른 여자가 말했다. "'중간에 목욕탕에 한 번도 들르지 않고서는 나중에 가서 북미대륙으로 알려질 곳으로 육로로 이주해서는 안 된다' 는 기준은 어때?"

"괜찮고 말고! 우린 우리가 원하는 어떤 기준이라도 세울 수 있어. 우린 개인 위생을 위한 기준도 세울 수 있어!"

"개인 위생이란 게 뭐야?"

다른 여자가 묻자 똑똑한 여자 왈, "개인 위생이란 예를 들면 '겨드랑이에 때를 묵혀두지 마' 같은 거야."

"우와~" 다른 여자들의 또 한 번의 함성.

그래서 사내들이 마을로 돌아왔을 때, 그들은 엄청난 충격을 받지 않을 수 없었다.

"무슨 소리야? 동굴에 오줌을 눠서는 안 된다니? 우린 항상 동굴에 오줌을 눴잖아!"

그들은 이렇게 항의했지만, 여자들이 그 특정한 시선을 던지자, 그 순간 사내들은 만일 그들이 그 새로운 기준들을 따르지 않으면 그들의 섬세한 원시사회 조직이 박살날 수 있으며, 거기

2_최근에 유행하는 엽기 문화의 원조이다.

다 앞으로 230만 년 동안 어떤 성교도 갖지 못하리란 사실을 알아차렸다. 그래서 그들은 비록 그 기준들이 이해가 가는 건 아니지만, 그것들을 따르기로 하는 최악의 실수를 저지르고 말았다.

오늘날 우리가 서 있는 지점도 기본적으로 이와 동일하다. 갈수록 기준들이 더 많아지고 있다는 차이를 빼고는. 앞에서 언급했듯이 사내의 생리구조와 도무지, 절대로! 양립할 수 없는 성적 수행능력의 기준들이 있고, 기념일을 기억하는 것, 대화하는 동안 딴 생각 하지 않는 것, 일부러 크게 방귀 뀌지 않는 것, 적어도 메모라도 남기지 않고서는 한 번에 대여섯 달 동안 집을 떠나 있지 않는 것 같이 세심해지는 것과 관련된 사회적 기준들도 있다. 또 가사노동과 관련된 몇 천 가지 기준들도 있는데, 여기에는 커튼이나 침대커버, 냅킨, 버터 접시, 오르되브르(음료, 쿠키 등의 전채요리—옮긴이), 수저 받침, 샐러드용 포크, 핸드 타월, 보온 접시, 꽃 장식, 식탁보, 선반 종이, 바퀴 달린 접시, 린넨 찬장, 접대용 발닦이, 방 탈취제, 행거, 과일 모양 비누, 이미 완벽하게 훌륭한 박스 속에 든 티슈를 다시 포장하는 티슈 박스 같이 전혀 이질적인(사내들에게) 개념들—내가 든 건 진짜 극소수에 불과하다—이 관련되어 있다.

사내들이 그들끼리만 야생 속에 남겨졌더라면 이런 것들과 전혀 관련되지 않는 생활방식을 개발했을 것이다. 내가 이런 주장을 하는 건 내 친구 랜달 샨츠와 함께 펜실베이니아 주 웨스트 체스터의 한 아파트에서 홀아비로 살아본 나 자신의 경험을 토대로 해서이다. 그 아파트로 이사간 우리는 가구 하나 없이 그야말로 휑하니 비어 있는 집안을 한번 둘러보고는 우리에게 필요한 것이 무엇인지 깨달았다. 그건 하키 게임판이었다. 그래서 우리는 우리가 신경질적으로 조종간을 흔들어대면서 얼빠진 멍청이들에게 욕을 퍼붓는 동안, 빙빙 돌면서 막대를 휘두르는 난쟁이들이 들어 있는 류의 하키 게임판을 구입했다. 이것이 우리 거실의 중심 장식물이었다.

물론 우리는 얼마 안 있어 다른 세간들도 가지게 되었는데, 그것들은 접는 잔디의자들과 텔레비전 세트, 그리고 맥주를 마시고 하루에 584,000,000,000,000,000개의 작고 딱딱한 구슬을 몸에서 발사할 수 있는, 플라이어라는 이름의 토끼 한 마리였다. 이건 장식적인 면에서 아주 효과가 있어서 우리 집을 찾는 손님들의 사랑을 듬뿍 받곤 했다. 우리가 밖에 나가서 창문 위에 올려놓을 장식이나 버터 담을 특별한 접시를 돈 주고 산다는 생각 같은 걸 전혀 하지 못했던 건, 무엇보다 우리에게는 버터가 없었기 때문이다. 우린 맥주와 와와 상표의 아이스티 팩 말고는 냉장고 속에 뭘 넣어둔 적이 없었는데, 이중 와와 아이스티는 우리가 영양가 많은 말로보 담배 몇 개비와 함께 주로 아침식사용으로 삼았던 메뉴다. 접시도 하나, 흰색의 접시 하나가 우리 집에 있긴 했는데, 그건 접시가 필요한 그런 공식적인 경우들, 예를 들면 우리가 재떨이를 찾을 수 없을 때 같은 경우들에 대비해 씻기기를 기다리면서 언제나 개수대에 들어가 있었다. 우리는 테이크아웃 가게에서 가져온 뉴헤븐 스타일 피자를 저녁으로 먹곤 했는데, 그것을 텔레비전을 보면서 상자째로 놓아두고 먹었던 터라 접시가 필요없었던 것이다.

친구들이 왔을 때 예의 그 접시를 씻고 토끼 똥을 쓸어내는 것 말고 우리가 해야 할 가사노동이 거의 없었던 건 우리가 닦아야 할 물건을 거의 가지지 않았기 때문이다. 우리는 목욕탕도 거의 내버려두었는데, 곰팡이균의 성장이 랜달과 나를 삼킬 수 있을 정도로 공격적인 수준이 되면 새로운 아파트를 알아보면 된다는 게 우리 지론이었다.

그건 우리에게 기본적인 모든 편의를 제공해주면서도, 동시에 실내에서 숨바꼭질 놀이를 할 수 있을 만큼 충분히 정돈된 소박한 생활방식이었다. 물론 랜달과 내가 '문명생활'의 최저 기준으로 보더라도 야만인처럼 살았다는 건 분명하다. 하지만 솔직히 우리는 우리가 그렇다는 걸 몰랐다. 그건 우리가 사내였기 때문인데, 자연상태의 사내들은 문명생활 기준이란 걸 그냥 자각하지 못한다. 물고기가 주식시장을 자각하지 못하듯이 말이다.

이 무식할 만큼 무지한 상태가 바로 전형적인 한 사내가 한 여자와 가족 관계에 들어설 때 서 있는 지점이다. 어쩌면 그도 가사와 관련하여 네 개 정도는 기준을 가졌을 수 있다.(예를 들면 "침대에 침을 뱉어서는 안된다" 같은.) 하지만 그녀는 몇백 개, 몇천 개의 기준을 갖고 있다. 그녀는 어느 베갯잇을 어느 시트로 덮을 것인가에 대해 엄격한 기준을 가지고 있다. 반면에 그는 소낙비로 그의 오토바이가 샤워를 하고 나서 오토바이를 닦는 데 그의 하나뿐인 베갯잇을 사용하고 난 이후로 몇 년 동안 맨 베개를 베고 잠을 자왔다. (나는 1969년 이후로 결혼했다 말았다 해왔지만, 아직도 왜 침대가 필요한지 이해를 못하고 있다.)

그 여자와 그 사내는 '청소'라는 것에 대해 전혀 다른 관점을 가지고 있다. 목욕탕을 '청소'할 때, 그 여자는 유리와 자기(磁器)와 타일을 씻고 문지르고 광내고 탈취할 온갖 기능성 제품들과 도구들을 가지고 거기에 들어간다. 그녀는 '잇댄 부위' 하나에만 몇 시간을 소비한다. 그녀는 분자 차원에서 먼지를 제거하고, 곰팡이 포자 하나하나를 다 찾아내 박멸한다. 사실 그녀는 세균들의 울부짖는 소리를 들을 수 있고, 그것들이 울부짖게 만들 수 있다. 그녀는 외과수술에서 써도 될 정도로 청결하게 변기를 닦아놓는다. 반면에 사내가 목욕탕을 청소하라는 지시를 받으면, 그는 달랑 종이타월 한 장과 그의 눈에 가장 먼저 들어오는 스프레이 병을 가지고 거기에 들어간다. 그 병은 유리세정제 윈덱스일 수도 있고, 살충제 레이드일 수도 있다. 사내는 스프레이 병에 든 물질을 목욕탕 여기저기에 뿌려댄 다음, 종이타월로 그것을 닦아내는 데 3분 정도를 소비하고 나서 목욕탕을 나온다. 목욕탕이 실제로 더 깨끗해졌는가 아닌가에 대해서는 전혀 신경 쓰지 않는다. 욕조에 사람 시체가 누워 있다 해도 사내는 스프레이를 뿌리고 그것을 닦아낼 것이다.

틀림없이 당신은 가사 분야에서 사내와 여자 간의 차이를 내가 너무 과장하고 있다고 생각할 것이다. 만일 그렇다면, 내가 실제로 받았던 다음 편지를 읽어보라.

데이브씨에게

전 당신의 의견이 필요합니다. 내 여자친구가 나를 바꾸려고 하거든요. 그녀는 내가 살아가는 방식을 좋아하지 않습니다. 전 그게 실제적이고 효율적이라고 보는데 말입니다.
무엇보다도 그녀는 내가 더러운 내 옷에 코를 푸는 걸 좋아하지 않습니다. 나는 감기에 걸리면, 1달러 50센트짜리 크리넥스 한 상자를 낭비하기보다는 내 빨래바구니 속에 있는 더러운 바지나 셔츠에 코를 풉니다. 그 옷들은 어차피 더럽혀져 있고, 따라서 어쨌든 조만간 세탁을 하게 되리라고 보니까요. 얼마나 좋은 아이디어입니까? 그런데 내 여자친구는 그걸 "지저분하다"고 말합니다.
게다가 내가 얼마 전에 소갈비찜을 요리했는데, 기름을 따르다가 그 중의 일부를 부엌바닥에 떨어뜨렸습니다. 그래서 저는 뜨거운 기름을 닦아내려고 쩔쩔매느니, 차라리 밤새 굳게 내버려뒀다가 아침에 사포로 닦아내자고 그녀에게 말했습니다. 그녀는 불같이 화를 내더군요. 내가 밖에 나가서 농약을 들이마시라고 권하기라도 한 것처럼 말입니다.
마지막으로 저는 신문을 쌓아두곤 합니다. 저는 그걸 갈색 종이봉투 속에 차곡차곡 넣어서 내 아파트에 두었습니다. 내 여자친구는 그걸 볼 때마다 재활용센터에 어서 갖다주라고 잔소리를 했죠. 하지만 나는 그 봉투를 배열해서 가구로 쓸 수 있다는 걸 알았습니다. 그렇게 해서 저는 기름값도 아끼고, 덤으로 견고한 갈색 가구도 얻게 되었습니다. 실제로 그 침상을 자주 쓰는 편은 아니지만, 그게 맥주병을 올려놓기에는 더할 나위 없이 좋다는 걸 알았습니다. 몇 박스의 맥주병이든 얼마든지 올려놓을 수 있으니까요. 그러니 제발, 좀 도와주십시오. 내가 잘못된 겁니까? 아니면 그냥 합리적이고 실제적인 겁니까?

브리안 로빈슨
오리건 주 포틀랜드

내가 굳이 여자 입장에 서야 하는 게 아니라면, 오히려 인간이 할 수 있는 최대한 객관적인 입장에 선다면, 나는 이 문제에서 브리안의 손을 들어주지 않을 수 없다. 그러니까 내 말은 다른 무수한 사내들에 비하면 그는 가사분야에서 숙련된 파출부 수준이다. 그에게는 대형 갈색 봉투도 있다. 그는 갈비찜을 요리하기도 한다. 또 빨래바구니도 가지고 있다. 그런데도 기준에서 약간 어긋났다는 이유만으로 그의 생활방식 전체가 공격을 받으니 얼마나 가련한가.

보다시피 여자들은 사내들에게 너무 가혹하다. 이 점은 뉴멕시코 주의 알부쿼르쿼[3]에 사는 앨리슨 슐러가 내게 보낸 다음의 편지를 통해서도 충분히 확인할 수 있다.

3_이 시의 모토는 "누구도 도시 이름 철자를 맞게 쓸 수 없게 한다"이다.

어느 날 아침, 내 남편이—그는 그날 이틀간 출장을 가기로 되어 있었죠— 전날 밤에 보니까 입을 속옷이 하나도 없더라고 말하더군요. 왜 그가 그런 이야기를 내게 했는지 모르겠어요. 나는 깨끗한 속옷이 떨어져도 그에게 절대로 말하지 않는데 말입니다. 어쨌든 그는 진짜 그 사람다운 방식으로 그 문제를 해결하더군요. 그는 그의 속옷으로 가득 차 불룩해진 빨래주머니에서 딱 세 벌의 속옷만을 꺼내 빨았는데, 그렇담 나머지 속옷들은 그가 없는 사이에 저절로 세탁이 된다는 이야기인가요?

이건 대부분의 여자들이 자기 집 사내에게 늘상 퍼부어대는 구태의연한 잔소리의 완벽한 표본이다. 이런 잔소리를 맨날 듣고 살아야 하는 사내들은 얼마나 가련한 존재인가? 단지 슐러 부인의 남편이 나와 있던 빨래 전부를 하지 않았다고 해서, 몇십억 남자들이 빨래를 해서 그들이 사는 엑스마 행성의 세 태양 아래 널어 말리지 않는다는 뜻은 아니지 않는가 말이다. 하지만 나도 여기 지구에 사는 사내들 대다수는 그들이 절대로 불가피하게 해야 하는 이상의 빨래를 하지 않는다는 점을 인정한다. 사내들은 양말 한짝이라도 이 문제에서 예외를 두고 싶어하지 않는다. 그들은 그 양말에서 진짜 더러운 부분만 골라 빠는 쪽을 선호한다.

왜 그럴까? 사내들이 무가치하고 무책임한 인간쓰레기라서? 물론이다. 하지만 이것이 빨래를 삼가는 이유는 아니다. 그들이 빨래를 삼가는 이유는 사내들이, 설사 자신이 손수 빨래를 하지 않을 수 없다는 사실을 알았을 때라도 그것을 하기를 두려워하기 때문이다. 특히나 그 세탁물이 자기 집에 같이 사는 다른 성(性)의 구성원 것이라면. 문제는 여자들이 일반적으로 다음과 같은 엄격한 지시들이 가득 적힌, '세탁시 주의사항' 꼬리표를 달고 있는 섬세한 옷들을 대량으로 가지고 있다는 데 있다.

> 기계세탁 하지 말 것. 표백제 사용하지 말 것. 뜨거운 물 쓰지 말 것. 따뜻한 물도 쓰지 말 것. 아무 물도 쓰지 말 것. 소독한 외과수술용 장갑을 끼기 전에는 이 옷을 만지지도 말 것. 이 옷을 당장 내려놓으라구! 이 바보 멍텅구리야.

이런 지시들은 예나 지금이나 나를 심히 주눅들게 한다. 내가 내 빨래 기술을 개발했던 건 대학 다닐 때이다. 그 당시 나는 빨래 과학자들이 '파일 시스템' 이라고 일컫는 방식을 사용했는데, 이 방식은 입은 속옷들이 허리 높이로 쌓일 때까지 바닥에 팽개쳐두는 것이다. 이 정도 높이가 되면 맨 밑바닥에 깔린 속옷은 강렬한 열기와 압력으로 여러 달에 걸쳐 서서히 다시 입어도 될 정도로 깨끗해진다. 단, 당신이 궁지에 몰려 그것들에 화장실용 탈취제를 뿌린다면 말이다. 내가 랜달과 살던 시절에는, 우리는 우리의 세탁물을 아파트 건물 지하실에 있던 대형 코인 세탁기에 집어넣었다가, 빨래가 다 된 후 줄어들거나 늘어난 옷, 아니면 찌그러진 옷은 거기 놓인 대형 쓰레기통에 다시 집어넣어야 했다. 대다수 기혼 사내들이 신비한 바구니 광선 덕분에 옷들이 진짜로 깨끗해진다는 것을 빼고는 파일 시스템과 비슷한 빨래 바구니 시스템을 사용하는 이유가 여기에 있다.

물론 농담이다. 바구니에 담긴 옷들은 결국 뉴멕시코 주의 알부쿼르퀘에 사는 앨리슨 슐러 부인 같은 사람들의 손에서 세탁된다는 건 나도 안다. 하지만 나는 또한 여자들이 빨래를 분류하고 애벌빨래하고 물 온도를 27가지로 다양하게 조합하고, 섬유유연제, 얼룩제거제, 섬유경화제, 크림 린스, 연고, 좌약, 농축 우라늄 같은 화학첨가제들과 관련된 복잡한 절차를 거친다는 것도 안다. 여자들은 사내가 수년간에 걸친 훈련과정을 거치지 않고서는 그더러 빨래를 하게 놔두지 않는다. 왜냐하면 여자들은 그가 틀림없이 실수하여 그녀의 옷을 팅커벨의 작고 귀여운 옷으로 줄이거나, 영화 〈플라이〉에 나오는 그 불운한 남자

에게 일어난 사건처럼 빨래들 간의 부분물질 이동이 일어남으로써, 예를 들면 바지 다리를 가진 브레지어를 건조기에서 발견하게 되리라고 믿기 때문이다.

내가 아는 여러 여자들을 대상으로 한 전국적 여론조사에서도 드러났듯이, 남자들이 세탁기 가까이에서 어슬렁대는 걸 여자들이 마뜩찮아 하는 이유가 이것이다. 나는 주디 스미스라는 내 연구분과원에게서 그 전형적인 반응을 볼 수 있었는데, 그녀는 대학교수이자 박사인 남편 팀을 놓고 이렇게 평가했다. "난 그가 내 옷을 빨도록 전혀 믿고 맡길 수가 없어요. 내가 먼저 옷들을 분류하고 그에게 하나 하나의 세탁물에 대해 엄격한 지시를 주기 전에는요. 그렇지 않았다간 우리가 가진 모든 옷이 불그죽죽해지거나 거무죽죽해질 테니까요…… 그는 아직 채 마르지도 않은 자기 옷을 입고 나가거나 옷장에 뭉쳐넣어요. 사실 그는 다른 사람 옷을 정리할 수가 없는 게 옷을 갤 줄을 모르거든요. 하늘에 맹세코 그는 수건 한 장도 갤 줄을 몰라요. 어쨌든 모서리를 제대로 맞춰서는요. 심지어 손수건조차도."

나는 여기서 남자들을 변호하려는 게 아니다. 다만 내가 이야기하려는 건 우리 중 많은 수가 심한 빨래 공포증에 걸리고 말았으며, 여자들이 눈을 번뜩이면서, 이를테면 섬세한 비단옷을 보트 덮개와 함께 넣어 세탁하려는 우리를 세탁기에 접근하지 못하도록 감시하는 한 계속해서 그 공포증에 시달릴 것이다. 이건 청소와 요리와 애들을 남겨둔 곳을 정확히 기억해내기 같은 다른 주요 가사분야들에도 적용된다. 그렇다, 우리 사내들은 이런 분야들에서 문제가 있다. 하지만 이건 우리 잘못이 아니다. 우리가 말하는 건 그게 우리의 천성이란 점이다. 그건 촌충과 아주 흡사하다. 촌충들은 사회적인 이미지가 그다지 좋지 않은 경향이 있는데, 그건 그것들이 사람들의 창자들 속에 들어가 사람들이 먹은 음식을 먹고, 18미터 크기로 자라고, 혐오스런 몇 백만 마리의 새끼들을 낳는 혐오스런 유기체이기 때문이다. 하지만 이게 그들의 '잘못' 인가? 천만에! 그건 그들의 본성이다. 사내들도 전혀 다르지 않다! 사내들도 촌충과 똑같다. 음식물 처리를 좀 덜 도와준다는 사실만 빼고.

이것이 내가 당신네 여자들에게 부디 좀더 이해심을 가져달라고 부탁하는 이유이다. 당신이 살아가면서 제발 쓰레기통 좀 밖에 갖다 비우라고 14번이나 부탁했는데도 소파에 비스듬히 누워 텔레비전에 비치는 축구공 방향으로 트림을 남발하는 사내를 보게 되더라도 너무 비판적으로 생각하거나 경멸스럽게 생각하지 마라. 대신 그가 마음 깊은 곳에서 극복하려고 애쓰고 있는 뿌리 깊은 문제들을 당신에게 상기시켜줄 두 마디 말, 아주 미약하게나마 당신이 그의 고통을 함께 느끼게 해줄 두 마디 말을 기억하라. 그 두 마디 말이란 물론 "인간 기생충"이다.

여성들이여, 당신들이 도와주고 이해해준다면 우리 사내들은 더 잘할 수 있다. 그리고 우리는 더 잘할 것이다. 우리는 우리의 타고난 장애를 조금씩, 그야말로 생살을 찢는 아픔을 견디면서 조금씩 극복하여 개인적 처신에 대한 당신들의 기준을 충족시킬 정도로 성장할 것이다. 내일이나 모레나 보름 후나, 심지어 빅크런치가 시작되어 지구가 태양과 충돌하는 일이 벌어지기 전까지는 절대 그렇게 되지 않겠지만, 그럼에도 그건 이루어질 것이다. 왜냐하면 우리 사내들은 당신들의 기대에 못 미치는 것이 마음 아프고 그렇게 사는 데 지쳤기 때문이다. 그러니 우리는 반드시, 절대로, 진짜로 변신을 시도하기 시작할 것이다.

하지만 플레이오프전이 끝날 때까지는 아니다.

사내에 관한 아홉 번째 보고서

행동하는 사내들

오랜 세월에 걸쳐 사내들은 온갖 비난들을 받아왔다.[1] 전쟁과 인종말살과 농어 낚시대회를 포함하여 지금까지 저질러진 온갖 끔찍한 일들이 오직 사내들 탓으로 돌려져왔다.

당연하다. 우리는 그런 비난을 받아 마땅하다. 하지만 인생사가 흔히 그렇듯이 사내들에게도 동전의 다른 면이 있다. 진실로 세상을 바꾼 사내들도 무수히 많았던 것이다. 세상에 널리 알려지지는 않았지만 영웅적인 업적을 이룬 사내들, 그리고—누군가가 행동을 취해야 할 때, 9회 말 투 아웃에 1루와 2루에 선수가 있는데 홈팀이 2점 차로 뒤지고 있어 누군가가 타자석으로 걸어 들어가 장타를 날려야 할 때, 남은 시간 2분에 2 대 2 인데 어느 쪽 팀에도 내일은 없으니, 누가 정말로 이기려는 의지와 열망을 가지고 있는가의 문제일 때, 호랑이굴에 들어간 사람 중에 무신론자로 버틴 이가 아무도 없었고, 한푼을 절약하는 건 한푼을 버는 것이며, 10리 눈길의 학교까지 맨발로 걸어가야 하고, 빵 한 덩어리가 5전인데 아무도 5전짜리 동전을 가지고 있지 않고, 크리스마스 양말 속에 들었을 거라고 기대할 수 있는 최고의 선물이 누군가가 씹었던 츄잉검이지만, "아뇨, 괜찮아요"라면서 불평하지 않는 건 경제공황이라 모두가 힘든 생활을 하던 시기이기 때문인데, 반면에 요즘 아이들은 닌텐도 게임기와 신탁 재산을 가지고 있고 15만 원짜리 스니커즈 신발을 신고 야구모자를 거꾸로 쓰는데, 이건

1_특히나 이 책에서.

국부 보호대를 거꾸로 입는 것(그들은 틀림없이 이렇게 해볼 것이기에 나는 그들이 이것에 대해 아는 걸 바라지 않는다)과 맞먹는 결과를 낳게 되는데, 나로서는 이 지점에서 요즘 젊은이들 사이에서 유행하는 살뚫기에 대해 전혀 왈가왈부하고 싶지 않지만, 다만 그들 중 일부는 맙소사, 코에다가 반지를 걸기도 하는데 이건 전혀 위생적으로 보이지 않으니, 이 때문에 평소에는 정부가 일반 시민의 삶에 개입하는 걸 달가워하지 않는 나이지만 그래도 이 경우에는 코를 뚫기 전에 IQ 테스트를 받도록 규정하는 연방법을 제정해야 한다고 생각하는데, 그 테스트는 한 가지 질문("당신은 코를 뚫기를 원하십니까?")으로만 이루어져 있어서 만일 틀린 대답("예")을 하는 사람이 있으면 그런 사람은 코를 뚫는 게 법적으로 금지되는데, 자유주의적 공산주의자이자 약자 편을 자처하는 채식주의자이고 미국시민연맹 소속인 어떤 변호사가 그런 법은 헌법에 규정된 국민의 권리를 침해한다고 주장하는 편지를 내게 보내기 전에, 내가 지적하고 싶은 건 미국 헌법 2절 4조 6항에 특별히 "그런데, 이 헌법의 어떤 부분도 국민들이 자신의 코에 보석을 걸 권리를 갖는다는 뜻으로 해석될 수 없다"고 진술되어 있느니만치, 우리 건국의 아버지들이 다듬은 이 구절의 명확한 의도를 무시하는 건 특히나 이 나라와 법 없이도 살아갈 많은 시민들, 그리고 특히 세상에 알려지지 않은 무수한 사내들을 모욕하는 것이기에 누군가가 행동을 취해야 할 때—

백색 황색 적색 흑색 경계경보

이제 우리는 이 문장의 끝에 다가가고 있다.

행동을 취한 사내들이 말이다.

* * *

나는 그런 알려지지 않은 몇몇 사내들에 대해 이야기하고자 한다. 우선 내가 우연히 개인적으로 알게 된 한 사내의 절대적으로 진실된 이야기와 그가 엄청난 자연재해라고 할 수 있는 상황이 벌어지는 동안 어떻게 그 위험에서 벗어났는가 하는 이야기에서 시작하자. 이 사내를 "왈리", 그의 아내를 "린느"라고 부르기로 하자. 내가 그들에게 가명을 지어준 건 이 이야기에 마리화나의 사용이 들어 있기 때문이다.

호기심 강한 젊은 독자들이 혹시나 오해할지 몰라서 하는 소리지만, 마리화나는 아주 아주 나쁘다. 한 의학연구는 마리화나를 피우는 사람은 그렇지 않은 사람보다 고열량 쿠키를 여덟 배나 많이 먹는다는 사실을 밝혀냈다. 게다가 뻬뻬로니의 경우로 가면 그 배율은 엄청날 정도로 높아진다.

하지만 그리 오래 전이 아닌 예전에는 이런 위험스런 부작용을 많은 사람들이 깨닫지 못하고 있었다. 왈리와 린느가 마이애미에 있는 그들의 집에서 약간의 마리화나를 피운 것도 이런 시대적 배경 하에서였다. 그런 다음 그들은 침대에 누운 채 텔레비전에 비치는 멜 브룩스의 영화 〈프로듀서〉를 보면서 그 날 저녁을 보내기로 결정했다.

이번에 피운 마리화나는 독했던지 왈리와 린느는 완전히 뻗은 상태였다. 나나 빌 클린턴처럼 당신도 이런 상황을 경험해본 적이 한 번도 없겠지만, 우리는 의학잡지들을 통해 강력한 마리화나의 영향을 받은 사람은 비닐장판에 맞먹는다는 걸—주의력과 반응시간, 문제해결력, 전반적인 중추신경계의 기능면에서—안다.

이런 상황에 있는 사람은 생각을 빨리 굴리고 효과적으로 결정을 내리기가 힘들다. 이런 조건에 있는 사람은 소다수 캔을 따는 데만도 두 시간이 넘게 걸릴 수 있다.("당신, 이 따개 꼭지—단지 이 따개 꼭지 하나만 해도—가 실제로는 수조 개의 분자란 걸 알고 있었어?" "정말 그렇군요!")

이것이 왈리와 린느가 〈프로듀서〉를 보면서 처해 있었던 상황인데, 그때 갑자기 드라마가 중간에 중단되면서 겁먹은 아나운서의 얼굴이 나타나 긴급뉴스를 알렸다. 대형 태풍이 마이애미를 향해 곧바로 돌진해오고 있다는 소식이었다.

이 정보가 마리화나에 취해 있던 린느와 왈리의 의식에 붙잡혀 뇌에 자극을 가하기까지는 약간의 시간이 필요했다.

그 시간이 지나자 린느가 입을 열었다.

"오, 맙소사."

"이런, 맙소사." 왈리가 동의했다.

"왈리, 우린 어떻게 되는 거지?" 린느가 물었다.[2]

왈리는 그만 사내로서 최고의 압박 상황에 처하고 말았다. 재난이 일어나고 있다. 그것도 대형 재난이. 그리고 자기 여자는 자기가 결정을 내리길 기다리고 있다. 왈리는 그렇게 기진맥진한 상태에서도 자신이 행동해야 한다는 걸 알았다. 방풍 셔터를 닫아야 한다. 태풍의 추진력을 받아 치명적인 미사일로 바뀔 수 있는 물건들도 정원에서 치워야 하고. 구급상자, 비상식량을 비롯한 비상용품들도 챙겨야 한다. 왈리와 린느는 해변 가까운 저지대에 살고 있던 터라 높은 지대로 대피해야 할지도 모를 일이었다.

게다가 시간이 많지 않았다. 이제 텔레비전은 점점 더 가까이 다가오고 있는 그 초대형 태풍의 위성사진을 비쳐주고 있었다. 왈리는 화면을 한 번 보고 나서 린느를 쳐다보았다. 린느는 그가 뭔가를 말하길 기다리면서, 다시 말해 그가 뭔가 해내길 기대하면서 초조하게 그의 얼굴을 쳐다보고 있었다. 왈리는 머리 속에서 자욱한 안개를 흩어버리려고 애쓰면서 그 상황을 고려하다가 마침내 결정을 내렸다.

"린느, 우린 죽을 수밖에 없어."

그건 되돌릴 수 없는 확고한 결정처럼 들렸다. 사실 그들의 상황에서 그들이 대피를 하거나 할 방도는 없었다. 그들이 과연 다른 사람의 도움을 받지 않고 침실 문을 여는 방법을 기억해낼 수 있을지도 의심할 충분한 이유가 있었던 것이다.

2_ 그래도 어쨌든 그녀에게는 그의 가명을 부를 정도의 정신은 남아 있었다.

화면에 비친 아나운서의 목소리는 점점 더 긴박해지고 있었고, 침실에서 그걸 지켜보는 왈리와 린느도 그만큼 점점 더 넋을 잃어가고 있었다 그들은 필사적으로 행동하고 싶어했지만, 절망적일 정도로 무기력했다. 그들이 할 수 있는 것이라곤 텔레비전 앞을 왔다갔다 하면서 린느는 흐느끼고 왈리는 무력하게 머리칼을 쥐어뜯는 게 전부였다. 그러면서 두 사람은 점점 더 사색이 되어가는 아나운서가 전하는 점점 더 나쁜 소식들을 지켜보고 있었다.

"우린 죽을 거야." 왈리는 눈앞의 문제에 정신을 집중하기 위해 다시 중얼거렸다.

특별히 왈리와 린느가 아니었더라도 이런 번뇌 속에서 얼마나 오래 견딜 수 있을지는 아무도 모를 일이었다. 하지만 그러다 갑자기—이것이 어처구니없지만 내가 사내인 것을 자랑스러워하는 이유이다— 왈리에게 아이디어 하나가 희미하게 떠올랐다. 그걸 사내다움의 내적 자산이라고 부르든, 본능이라고 부르든, 살려는 의지라고 부르든, 하여튼 간에 내면 깊은 곳의 뭔가가 이런 식으로 끝낼 순 없다고 왈리에게 말하고 있었다. 그는 어쩌면 해결책이 있을지도 모른다고 느꼈다. 만일 자신이 충분히 집중할 수만 있다면, 자기 뇌 저 후미진 곳에 감춰진 그것을 건져올릴 수 있을 텐데…… 그게 뭔지만 기억해낼 수 있어도…… 잠깐만…… 그래! 그거야!

그가 얼굴을 돌려 린느를 쳐다보았다. 그녀도 눈물이 줄줄 흐르는 얼굴로 그를 마주보았다. 하지만 그의 표정 중의 뭔가가 어쩌면—그냥 어쩌면— 자기들에게 기회가 올지도 모른다고 이야기하고 있었다. 드디어 그가 입을 열었다.

"린느, 우린 비디오를 보고 있는 중이야."

그의 말이 맞았다. 그들은 〈프로듀서〉라는 빌려온 비디오테입을 보고 있는 중이라는 사실을 잊었던 것이다. 그들은 몰랐지만, 그것은 태풍 데이비드가 남 플로리다로 접근해오는 장면을 담고 있는 영화였다. 그리고 이 사건은 몇 년도 더 전에 일어났기 때문에, 태풍 데이비드가 지금 왈리와 린느에게 제기하는 위험은 수학적으로 보더라도 극히 미미했다.

"오, 하느님, 당신 말이 맞아요." 이렇게 말하는 린느의 눈 속에는 사랑과, 그리고—그렇다— 존경이 담겨 있었다.

왜 안 그렇겠는가? 그들은 이제 살아남게 된 것이다.

그녀의 사내가 마침내 해낸 것이다.

그리고 이건 재빨리 머리를 굴려 그날 하루를 구해낸 사내에 대한 실화 중 단지 한 가지에 불과하다. 내가 많은 주의 깊은 독자들이 보내준 신문기사들 중에서 찾아낸 또 한가지 예는 1992년 9월 8일 터키에서 일어난 사건이다. 이번 경우에 관련된 사내는 F-16C 전투기를 타고 이라크 북서쪽 구석의 '비행금지' 구역을 순찰하고 있던 미 공군 소속의 한 비행사였다. 그건 의례적인 업무로 간주되는 정기 비행이었다. 하지만 당신이라도 고성능의 전투비행기를 타고 잠재적 적군의 영토로 날아가는 중이라면, 어떤 것도 정말로 '의례적'일 수는 없는 법이다.

처음에는 아무런 문제의 기미도 없었다. 하지만 그 비행사는 갈수록 뭔가가 잘못되었다고 느끼기 시작했다. 당신도 충분한 시간 동안 비행 임무를 수행하고 나면, 이런 류의 '본능적인 감정'이 발달하게 되는데, 그도 얼마 안가 다급한 심정으로 알게 되었다. 자신은 정말로 오줌을 눠야 한다는 걸.

이것은 문제를 제기한다. 현대의 전투비행기에는 화장실이 비치되어 있지 않다. 이 편의시설은 군대 다운사이징의 일환으로 음료 배달 서비스와 함께 여러 해 전에 제외되었다. 그렇다고 시속 몇 백마일의 속도로 비행하는 비행사가 창문 밖으로 오줌을 갈길 수도 없는 노릇이었다. 그런 속도라면 몇 방울의 오줌이 쿠르드족 영토 내에 떨어질 수도 있는 상황인데, 자신의 임무가 바로 이 사람들을 방어해주는 것이 아닌가 말이다.

다행히 그는 공군이 '쉬- 주머니'라고 부르는 것을 가지고 있었다. 스펀지를 플라스틱 용기에 담아둔 이 장비는 비행사들이 비행 중에 볼일을 볼 수 있도록 설계되어 있다. 그런데 그가 안전벨트를 풀고 의자를 위로 들어올렸을 때, 벨트 버클이 의자와 조종간 사이에 끼는 바람에 비행기가 오른쪽으로 급회전을 하는가 싶더니, 9,900미터 상공에서 심하게 회전하면서 곤두박질치기 시작했다. 비행사는 다시 비행기를 끌어올려 보려고 했지만 도저히 어떻게 할 수가 없었다. 600미터 상공에 이르러 사실상 이제 더 이상 시간이 남아 있지 않을 때, 그는 뛰어내리기로 마음먹고 신속하게 비행기 밖으로 몸을 던졌다. 이 잽싼 상황판단 덕분에 그는 심각한 재난으로 이어질 수도 있었을 상황에서 몸을 뺄 수 있었다. 비록 1800만 달러짜리 비행기는 순식간에 매립장행 쓰레기로 전환되었지만, 중요한 건 그가 바지에 오줌을 싸지 않았다는 점이다. 적어도 그 기사는 그렇게 말하지 않았다. 또한 그 기사는 그 '쉬-주머니'가 어떻게 되었는지도 말하지 않았다. 나는 우리편이 그것을 되찾았기를 희망한다. 당신도 그토록 엄청난 군사적 가치가 있는 장치가 적의 손에 떨어지는 걸 원하지 않을 것이다.

'행동하는 사내'의 다음 번 사례를 위해 오리건 주 그랜츠패스로 가보자. 신문이 전하는 바에 따르면 여기에 사는 몇몇 사내들이 '래프팅과 야외 스포츠' 활동을 목적으로 '익명의 산사나이들'이라는 이름의 그룹으로 조직되어 있었다고 한다. 1993년 5월 이 그룹은 신입멤버를 위한 입회식을 열고 있었다. 앞의 문장을 읽은 지금쯤, 상상력이 풍부한 독자인 당신은 그 입회식 장면을 머릿속에 그리고 있을 게다. 하지만 사내들이 서로 포옹하고 드럼을 연주하고 자신들의 가장 내밀한 남성적 감정을 공유하는 그런 정겹고 의미있는 의식으로 그리고 있는 중이라면, 당신은 지금까지 이 책에 밑줄을 그으면서 보지 않았다.

천만에, 그 의식은 맥주 몇 잔을 마시고 맥주 캔 하나를 신입회원의 머리 위에 놓은 다음, 화살로 쏴서 그것을 떨어뜨리는 것이었다. 이것이야말로 진짜 사내다운 의식이다. 저 겁쟁이 뉴에이지 따위가 무슨 자격으로 '익명의 산사나이들'에게 설교를 한단 말인가. 천만에, 그들은 뭔가 의미있는 의식, 그 신입회원의 가슴에 확 꽂히는 의식, 이번 경우에는 실제로도 그런 결과가 나온 의식을 거행하고 있었던 것이다. 사실 그 화살은 그 신입회원의 오른쪽 눈을 뚫고 머리 속으로 들어가 다시 뇌를 거쳐[3] 그의 두개골 뒤쪽에서 멈췄다.

이것이 그를 죽이지는 않았다. 진짜 사내는 그의 뇌를 꿰뚫는 화살에 맞는 것 정도로는 죽지 않는 법이다. 그는 한쪽 눈을 잃었지만, 활을 그의 머리에서 빼낸 의사는 그의 뇌가 아무런 손상도 입지 않은 것에 놀랐다고 한다. 그는 병원에서 기자회견까지 열었다.

"난 정말로 멍청했어요." 그는 기자들에게 말했다.

하지만 내 보기에 그는 자신에게 너무 엄격한 것 같다. 그가

3_의사들은 그에게도 분명히 뇌가 있다고 증언했다.

한 일은 대단한 용기가 필요한 일이었다. 이 시대 이 나이의 우리들 대부분은 뒤로 물러나 앉아, '다른 사내'가 맥주캔을 자기 머리에 놓고 자기 친구들더러 술을 마신 다음 화살로 그것을 쏘아 떨어뜨리게 하는 걸 보는 정도로 만족한다. 이 때문에 나는 이 사내에게 박수를 보낸다. 그리고 이런 의식을 생각해낸 '익명의 산사나이들'에게도 박수를 보낸다. 만일 우리가 뉴 햄프셔 대통령 선거인 예비선거에 참석하는 사람들더러 이런 종류의 입문식을 먼저 치르고 난 다음에 거기에 참석하게 했더라면, 우리는 훨씬 더 살기 좋은 나라를 만들 수 있었을 것이다.

* * *

사내와 의사에 대해서 말하면, 우리의 다음 번 '행동하는 사내' 사례는 두 사내 의사들—한 사람은 외과의사이고 한 사람은 마취의사였다—에 관한 것인데, 이들은 쉽사리 틀에 박힌 진행으로 끝날 수 있었을 의료상황에 용기 있게 대처한 사내들이다.

이 사건은 중부 메사추세츠 종합병원에서 일어났다. 〈보스톤 글로브〉지에 따르면, 할머니 한 분이 의식을 잃고 수술대 위에 누워 있었는데, 이 할머니는 한시바삐 쓸개 수술을 받아야 할 상황이었다. 외과의사는 만반의 준비가 되어 있었다. 사실 그는 마취의사가 도착하기 1시간 30분 전부터 만반의 준비가 되어 있던 터라, 뒤늦게 도착한 마취의사가 과감하고도 단호하게 커피를 타기 시작했을 때 도무지 웃어넘길 상황이 아니었다.

이 지점에서 그 외과의사는 다음 중 어느 하나를 선택할 수 있었다.

1. 일단 최대한 빨리 수술을 진행하고, 마취의사와의 이견은 나중에 대화로 해결한다.

2. 일단 최대한 빨리 수술을 진행하고, 그 문제에 대해서는 나중에 병원 당국에 분쟁 조정을 요청한다.

3. 일단 최대한 빨리 수술을 진행하고, 그 사건을 그의 마음에서 털어내버리려 애쓴다.

그 외과의사는 이런 다양한 선택 가능성들을 가늠한 후에 다음의 방법을 골랐다.

4. 그 마취의사에게 의료용 스펀지를 던진다.

이것이 분노를 처리하는 '사내의 표준 절차'이다. 우리는 우리의 좀스런 적개심을 속으로만 끓이다 보면 시간이 지남에 따라 그것이 잊혀질 위험성이 대단히 높다는 것을 안다. 그래서 우리는 분노를 그 자리에서 곧바로 드러내기를 좋아하는데, 이 경우 그것은 상대방에게 약간의 피해를 입힐 수 있다.

그 마취의사가 스펀지에 맞았을 때, 그는 그런 유치한 행동에 맞대응하여 이런 좀스런 사건을 부풀리는 건 어리석기 짝이 없는 일이란 걸 즉각 깨닫고 그것을 무시하기로 했다.

하 하! 물론 이건 농담이다.

마취의사 역시 사내였던 터라 똑같이 응수하는 것말고는 달리 선택의 여지가 없었다. 사내들 사이에서 널리 회자되는 이런 옛말이 있다. "스펀지에 맞고도 반격하지 않는 사내는 주차장을 사이에 둔 대결에서도 자신의 생명과 다른 무고한 사람들의 생명을 위태롭게 하기를 거부할 게 틀림없는 일종의 겁쟁이이다."

그래서 외과의사와 마취의사는 〈보스톤 글로브〉의 표현에 따르면 "서로 주먹을 날려 상대방을 쓰러뜨리기 시작했다." 다름 아닌 수술실에서. 수술대 위에 환자(환자가 있었던 게 기억나는가?)를 눕혀둔 채로.

물론 이보다 더 나쁜 상황도 있을 수 있다. 나폴레옹이 말했듯이 사내가 자신의 사내다움을 견지하려 할 때 불가능이란 없는 법이니까. 그 두 의사가 수술이 실제로 진행되는 동안에 싸움을 벌였을 수도 있는 것이다. 이건 진짜 심각한 상황을 만들어낼 수도 있는 것이 사내들이 싸우느라 후끈 달아오르다 보면 손에 집히는 건 뭐든지 집어던질 수 있기 때문이다. 그랬다면 당신은 다음날자의 신문에서 다음과 같은 제목의 기사를 읽게 되었을 것이다.

외과의, 환자 장기를 던지다
마취의사는 할머니의 쓸개로 이에 맞서

다행히도 이런 일은 일어나지 않았다. 일어난 일은 그 두 사내 의사가 메사추세츠 주 의료연맹으로부터는 징계와 벌금을,

병원으로부터는 향후 5년간 실습생의 지위에 머무는 처분을 받은 게 전부다. 달리 말하면 이 사내들은 그들의 직업적 명성에 영구히 지워지지 않을 흠집을 남겼고, 그들이 틀림없이 수년 간의 시간을 들여 쌓았을 직업적 명성을 대단히 위태롭게 만들고 말았다. 하지만 그래서 어떻단 말인가? 중요한 건 그들이 항복하지 않았다는 것이다.

'행동하는 사내'의 우리의 다음 번 사례 역시 긴박한 의료상황 속에서의 결단력 있는 행동과 관련되어 있다. 이것은 1992년 플로리다 주 윈터해븐의 윌로우브룩 골프코스에서 일어난 일인데, 〈연합통신〉의 설명에 따르면 몇몇 사내들이 골프를 치며 코스를 돌고 있었다. 그런데 갑자기 그들 중 한 명이—누구도 전혀 예상할 수 없었던 충격적인 방식으로— 하늘에서 떨어진 '쥐-주머니'에 맞았다.

사실은 그게 아니고 심장마비가 와서 그는 유감스럽게도 바로 16번 홀 그 자리에서 죽고 말았다. 당신도 상상이 가겠지만, 이건 그의 뒤에서 코스를 돌며 따라오던 골퍼들—〈연합통신〉이 고인의 "친구와 이웃들"이라고 표현한—에게 심각한 문제를 제기했다. 그들은 스포츠와 우정으로 무르익은 오후를 한참 알차게 보내고 있던 상황에서 돌연히 안타깝게도 동료 중 한 사람을 잃고 말았다. 자, 이제 그들은 어떻게 해야 할까? 사내가 그처럼 통탄스럽고 당혹스런 상황에 처했을 때 취해야 할 적절한 행동방식은 어떤 것일까?

대답은—나는 이 대답이 사내들은 무심하다고 비난하는 사람들의 주장을 쑥 들어가게 만들길 희망한다— 그 골퍼들이 16번 홀을 건너뛰었다는 것이다. 그랬다, 고인의 시신이 잔디밭에 놓여 있고 경찰이 고인의 아내를 데려오고 하는 2시간 동안, 골퍼들은 18홀 전부를 빠짐 없이 다 도는 완주 게임을 놓치고 마는 극단의 희생을 감수하면서 15번 홀에서 바로 17번 홀로 넘어갔다. 이건 그들이 고인의 몸에 놓인 공을 쳐서 날리는 경우처럼 그들의 친구와 이웃들에게 무례하게 여겨질 짓을 하지 않을 수 없는 상황에 휘말리는 것을 피하기 위해서였다.

이런 게 전형적인 사내 골퍼의 처신인 건 분명하다. 나는 이 사건을 빌 로즈라는 이름의 내 친구와 이야기했는데, 〈마이애미 해럴드〉의 편집자인 그는 그 정도는 아니지만 열렬한 골프광이기도 했다.

나는 그 상황을 설명해주고 그가 죽은 사람보다 너댓 홀 뒤쳐져서 골프를 치는 중인 것으로 가정해보자고 했다.

"자네 같으면 끝까지 플레이를 했겠나?"

"이 사내가 친한 친구는 아닌 거지, 그렇지?" 빌이 물었다.

"그렇지. 그렇담 자네도 16번 홀을 건너뛸 셈인가?"

"그 사람은 그린에 누워 있고?" 그와 같은 상황에서 플레이를 완주할 방도가 없을지를 곰곰이 생각하면서 빌이 물었다.

"그래."

"나도 그 홀을 건너뛸 수밖에 없을 것 같군."

그게 가상의 홀이었음에도 불구하고 그의 목소리에는 짠한 아픔이 묻어 있었다.

'행동하는 사내'에 대한 이 장이 여기에 이르기까지 나는 나 자신보다는 다른 사내들의 행동에 초점을 맞추었다. 내가 워낙 겸손한 사람이다 보니 나 역시 태풍을 포함하여 여러 경우에 엄청난 결단력과 용기를 발휘했다는 사실을 내세우기가 쑥스러웠던 것이다. 그리고 내가 지금 이야기하는 태풍은 왈리가 린느를 구한 것 같은, 예전에 비디오로 녹화된 그런 태풍이 아니다. 나는 1992년 남 플로리다를 강타했던 앤드류라는 이름의 진짜 태풍을 말하는 것이다(아마 당신도 들어보았을 것이다).

태풍 앤드류가 우리가 사는 지역으로 향하고 있다는 사실이 확실해지자마자 사람들은 우르르 슈퍼마켓으로 몰려가 표백제 같은 비상용품들을 사려고 몇 시간 동안 줄을 섰다. 나로서는 왜 표백제가 그렇게까지 필요한지 도무지 알 수가 없었다. 내가 아는 전부는 태풍의 위협이 닥칠 때마다 표백제 산업으로부터 엄청난 리베이트를 받고 있는 게 틀림없을 그 라디오 아나운서들이 사람들더러 마구잡이로 표백제를 사게 만들면, 표백제 산업은 미친 듯이 팔아치운다는 정도다. 태풍이 불어닥치기 전에 점점 도를 더해가는 공황상태에 있어 보면 당신도 라디오 아나운서들이 말하는 건 뭐든지 맹목적으로 사들이는 자신을 발견할 것이다. 그들이 12송이 생화 장미를 대(對) 태풍 비상용품으로 구비해야 한다고 말하면, 몇 분 안 가 당신도 꽃집 앞에 미친 듯이 몰려든 군중의 일부가 되어 몸집 작은 소비자들의 등을 기어오르고 있을 것이다.

어쨌든 라디오 아나운서들은 마당에서 굴러다니는 '온갖 잡동사니들'을 치우는 것도 필수사항이라고 누누이 강조했다. 이건 무척 웃기는 충고인 게, 무릇 마당이란 것 자체가 기본적으로 잡동사니가 아닌가 말이다. 사실 우주 전체를 그럴 듯하게 정의하면, 더도 덜도 아닌 '잡동사니 모음' 바로 그것이다. 하지만 이건 그 라디오 아나운서들에게는 씨알도 먹히지 않을 소리였다. 그들은 잡동사니 문제라면 절대 물러서지 않을 사람들이었다. 다음과 같은 유용한 정보들을 나열하면서. "단 하나의 벌초용 가위라도 태풍 정도 위력의 바람에 추진력을 받을 경우, 치명적인 미사일이 되어 당신의 두개골을 뚫고 들어가 당신의 뇌를 양배추 샐러드로 썰어버릴 수 있다."[4]

이런 유용한 정보가 머리 속에서 메아리치는 판인데 내가 어찌 가만 있을 수 있겠는가? 오전 나절 내내 허둥지둥 마당의 잡동사니들을 모아 차고에 집어넣고 나서 보니, 어떤 태풍이 불어닥쳐도 이 잡동사니 더미만은 무사히 남아서 태풍이 휩쓸고 간 재난의 현장을 복구하는 데 기여하리란 확신이 들었다. 그런데 그러고 나니 합판을 손에 넣어야 하는 문제가 생겼다.

"반드시 합판을 가져야 합니다"라고 그 라디오 아나운서들이 강조했기 때문이다. "당신은 절대적으로 합판을 손에 넣어야 합니다. 그게 무슨 쓸모가 있는 건 아니지만요—하하하하하

4_당신이 '익명의 산사나이들' 회원이 아니라면.

하하."

그들이 옳았다. 나는 서둘러 목재소로 차를 몰았지만, 합판은 다 팔리고 없었다. 나는 많은 사내들이 이미 합판을 손에 넣고, 그것을 그들의 차 지붕 위에 묶어 내 옆을 지나쳐가는 모습을 보았다. 그리고 집에 돌아와서는 우리 이웃의 사내들도 합판을 손에 넣었다는 걸 알았다. 그런데 나만 한 조각의 합판도 없었다. 그건 몸서리쳐지는 일이었다. 그건 내 인생에서 최악의 합판 시샘이었다. 나는 합판을 너무나 간절히 원한 나머지 그것의 냄새까지 맡을 수 있었다.[5]

그러자 이런 생각이 들었다. '내가 설사 합판 몇 장을 손에 넣는다고 치자. 그런데 대관절 그걸 어떻게 할 거야?' 사실 나는 합판을 집에 어떻게 부착시켜야 하는지 그 방법을 전혀 몰랐다. 지금까지 내가 살았던 집들은 모두 내가 그 집들로 이사갔을 때 이미 만들어져 있었다. 그러니 설사 내게 합판이 있다 해도 나는 그걸 집 외벽에 그냥 기대놓을 수밖에 없을 터였다. (사실 태풍 앤드류가 증명했듯이, 남 플로리다의 많은 집들은 고도로 경제적인 이 기법으로 세워졌다.)

그래서 어둠이 찾아들고 바람이 기세를 올리기 시작했을 때, 우리는 그 밤을 보내기 위해 스틸과 보벳 리더라는 어떤 이웃의 집으로 갔다. 스틸에게는 몇 장의 합판이 있었는데, 그는 그것들을 부부 침실의 창문 위에 못으로 박아 붙여놓아 여러 가족들

5_그건 닭고기 냄새가 났다.

에게 밀폐된 환경의 아늑한 보금자리를 형성했다. 그런데 유감스럽게도 그것은 리더네 개인 프린스에게도 바람을 막아주는 아늑한 보금자리를 제공했다.

여기 개를 기르고 있으면서 한정된 공간 속에서 태풍이 지나가기를 기다릴 생각인 사람들을 위한 충고 한 가지가 있다. 그 개를 그냥 밖에 내버려둬라. 이 개가 당신의 생명을 여러 번 구했든 말았든 상관없다. 당신도 그 개와 한 방에 있고 싶어하지 않을 게, 태풍과 관련된 극도의 저기압이 그 개의 소화계통에 심각한 혼란을 야기하여 배출량이 엄청나게 늘어나도록 만들 게 확실하기 때문이다. 가장 나은 상황이라 하더라도 개들은 배에 가스가 차서 꾸르륵거리는 경향이 있지만, 태풍 앤드류 동안 프린스는 체르노빌 방귀 핵반응의 배출로가 되고 말았다. 그 방에는 개 방귀 아지랑이가 뽀얗게 깔려 있었다. 우리는 바람이 시속 250킬로미터의 속도로 불어치는 상황임에도 일부 합판을 제거하여 창문을 여는 문제를 심각하게 고려하지 않을 수 없었다.

하지만 그 당시 우리에게는 리더의 집이 과연 계속 버티고 있어줄 것인가라는 더 큰 걱정거리가 있었다. 사실 그건 이따금 우리를 심히 불안케 만드는 사안이었다. 그 후로 사람들은 내게 태풍 속에 있어보니 어떻더냐는 질문을 하는데, 대답은—여기서 나는 이 체험이 어떤 느낌인지 당신이 직접 체험한 것처럼 느낄 수 있도록 하기 위해 직업적 언어가공업자로서의 내 모든 실력과 기술을 다 끌어낼 것이다— 그건 전혀 재미있지 않다는 것이다. 거기에는 애들도 있었는데 애들은 빽빽거리고 울지, 바람은 으르렁거리며 울부짖지, 바깥의 나무들은 여기저기서 와지끈 우지끈 부러지지, 간판 따위의 대형 잡동사니들은 날개를 달고 날아다니지, 집은 대략 같은 크기 같은 무게의 또 다른 집을 출산하기라도 할 것처럼 삐거덕거리고 흔들거리고 몸부림치고 신음하지, 아무리 용감무식함이 사내의 특징이라 해도 위대한 자연 앞에서는 겸손의 미덕을 발휘해야 하는 법이다.

사실 그래서 그 침실에 있던 세 사내인 스틸과 올린 멕켄지 3세와 나는 가능하면 꽁지를 최대한 내리고 쥐 죽은 듯 있고 싶었다. 그런데 그 방에 있던 모든 눈이 우리만 쳐다보는 게 아닌가? 이 눈들이 말하는 바가 '이대로 있어도 괜찮을까?' 란 뜻인 건 명약관화했다.

그래서 우리는 이런 상황에 처했을 때 사내들이 하곤 하는 일을 했다. 즉 우리는 살펴보기로 작정한 것이다.

살펴본다는 건 사내의 기본 행동방식이다. 그건 한사코 길을 물어보지 않는 것만큼이나 기본적인 사내 행동방식이다. 예를 들어 차가 고장이 나면 대다수 여자들은 자신이 현대식 자동차 엔진에 대해서는 전혀 아는 게 없다는 사실을 순순히 인정하고 그것을 살펴보느라 시간을 낭비하지 않고 그냥 카센터로 가지고 간다. 사내는 그렇지 않다. 사내는 기필코 보닛 뚜껑을 열어젖히고 잔뜩 찡그린 심각한 얼굴을 하고 엔진을 들여다본다. 사실은 그렇지 않음에도 자신이 들여다보고 있는 것에 대해 뭔가 아련한 실마리라도 갖고 있는 것처럼. 나 자신도 이렇게 한다. 내가 보닛 뚜껑을 들어올리고 들여다보는 그것이 뭔지는 전혀 모르면서. 어쩌면 나는 분기관에 매달린 오징어처럼 진짜로 확실한 뭔가가 있기를 바라는지도 모른다.

"바로 여기에 문제가 있군. 분기관에 오징어가 달라붙어 있었어"라고 말할 수 있기를 바라면서 말이다.

하지만 그렇게 문제가 명확했던 적은 한 번도 없다. 사실 난 어느 게 '분기관'인지도 모른다. 하지만 이것이 내가 살펴보는 걸 그만두게 만들지는 않는다. 나는 납땜 문제들도 살펴보고 있고, 전기 문제들도 살펴보고 있으며, 건축 문제들도 살펴보고 있고, 내 이해를 몇 광년(光年) 넘는 컴퓨터 문제들도 살펴보고 있다. 설사 외계인이 그들의 공간이동 추진체의 중성자 벡터 초물질화 모듈에 문제가 있어서 우리 집 근처에 착륙할 수밖에 없

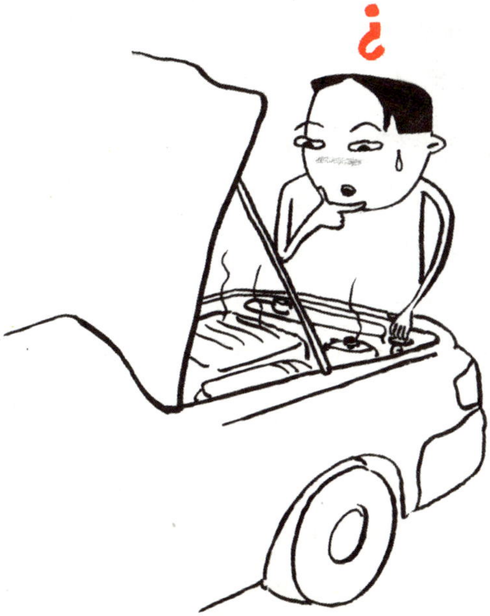

었다 하더라도 나는 쫓아가서 살펴볼 것이다.

"어쩌면 물이 들어간 것일지도 모르죠." 나는 외계인들이 대하고 있는 사내가 얼마나 능력 있는 존재인지를 그들에게 알리기 위해 이런 추리를 던지는 걸 마다하지 않을 것이다.

모든 사내들이 이렇게 한다. 스스로에게 물어보라. 미국 대통령이 홍수 같은 자연재해가 일어났을 때 가장 먼저 하는 일이 뭔지. 그는 서둘러 헬리콥터에 올라타 잔뜩 찡그린 얼굴을 하고 피해지역을 살펴본다. 왜? 그는 그렇게 해서 뭘 해내고 싶어하는 걸까? 그는 다른 모든 사람이 놓친 뭔가를 찾아내리라 기대하는 걸까?("어이, 저기 봐! 온통 물바다야!")

하지만 대통령도 사내인지라—특히나 지금의 우리 대통령은— 일단 살펴보지 않을 수 없다. 여자들과 아이들과 따발총 방귀쟁이 개 프린스가 우리에게 쏟아붓는 초조하고 불안스런 눈길이 스틸과 올린과 나더러 밖에 나가서 태풍을 살펴보라는 무언의 압력이라고 느낀 것도 같은 이유에서다. 우리는 침실 문을 열고 나가 그것을 등 뒤에서 잽싸게 닫은 다음, 거실에 우뚝 섰다. 거기에서는 바람소리가 귀청을 찢는 새된 소리로 들렸고, 집이 두려움에 우르릉와르릉 떠는 소리도 훨씬 크게 들렸다. 우리는 그 이유를 알 수 있었다. 지붕에서 분리된 앞벽의 일부가 부풀어오르면서 점점 벌어지고 있었던 것이다. 마치 거인의 손이 힘껏 잡아당기기라도 하는 것처럼.

우리 사내들은 이것을 살펴보았다. 그런 다음 우리는 서로를 쳐다보고 거의 동시에 말했다. "이런, 젠장" 우리는 현관문과

벽에 온갖 잡동사니들을 받치기 시작했다. 우리가 이런 신속한 행동을 취했던 건 벽이 금방이라도 터져서 그 앞에 서 있는 사람들을 즉석 인간 피자로 바꿀 듯이 신음하며 부풀어올랐기 때문이다. 우리는 번개처럼 날아서 사다리를 가져다 벽에 고여놓고는 다시 번개처럼 날아서 벽에서 떨어졌다. 우리는 스키 두 짝도 거기에 고였다—이건 사실이다.

태풍 대비 요령

위급한 경우 언제라도 쉽게 손이 닿을 수 있는 위치에
스키를 놓아둔다.

그런 다음 우리는 침실로 뛰어들어가 문을 닫고는, 그토록 무서웠는데도 바지에 오줌을 싸지 않았다는 단 한 가지 사실만을 생각하면서 가능한 최대한 느긋한 얼굴을 지어보였다.

"아무렇지도 않아!" 우리는 선언했다. "걱정할 거 아무것도 없다구!" 보라구, 모름지기 사내란 이렇게 상황을 지배할 줄 아는 거야!

그런 다음 우리는 다음과 같은 정보를 전달할 수 있는 방식으로 서로에게 눈짓을 보냈다. "이런, 젠장할."

하지만 모든 일이 잘 됐다. 리더의 집은 무너지지 않았다. (나는 스키 덕분이라고 생각한다.) 아침이 되어 마침내 바람이

잦아들자 나는 쓰러진 나무들과 전선들을 헤치고 우리집으로 돌아왔는데, 새로운 잡동사니들의 산 밑에 깔려 집의 반 이상이 자취를 감추고 만 게 아닌가! 지금 와서 그때를 생각해보면 그때야말로 표백제를 마시기에 적당한 때이지 않았나 싶다.

그러니까 내가 말하려는 건 사내들이 단순히 천박하고 유치하고 무책임하고 믿을 수 없고 게으르고 스포츠광이고 늑대이고 사타구니나 긁어대는 얼뜨기인 것만은 아니란 것이다. 그들이 이 모든 것인 건 분명하지만, 그렇다고 그들이 이것들만인 건 아니다. 우리가 이 장에서 살펴보았듯이, 사내들은 사내 아닌 사람들이라면 강력 처방의 약들로 도움을 받기 전에는 상상조차 할 수 없는 일들을 이룰 수 있다. 그래서 당신이 여자이고 어쩌다 당신과 같이 살게 된 사내가 커튼에다 코를 잘 푸는 등, 사내로서 몇 가지 사소한 결점을 가졌다고 해서 그에게 짜증을 내고 있다면, 어떤 종류의 위기가 발생할 경우, '천하에 쓸모없는 놈'이라고 불리던 바로 그 사내가 차분하고도 침착하게 상황을 완전히 장악할 수 있고, 그런 다음에는—그 자신의 개인적 안전은 전혀 돌아보지 않고서— 맥주를 마시러 나가리란 사실을 잊지 말아야 한다. 내가 당신이라면 난 그를 추켜줄 것이다.

결론

사내가 나이 들면?
답 : 뭉개고 앉아서 뷰익 던질 궁리에 빠진다

—더하기—
내일을 짊어질 미래의 사내들 :
인류에게 희망은 있는가? (없다.)

 사내가 나이가 들면 어떤 일이 벌어질까? 리모컨을 눌러대고 스포츠 이야기를 하는 것 이상의 것이 인생에 있다는 걸 그들이 마침내 깨닫게 될까? 자신의 속내와 만나게 될까? 철이 들고 지혜로워질까?

어리석은 기대는 하지 말도록. 진짜 사내는 더 긴 코털을 달고 다닌다는 의미에서가 아니라면 '발달'이나 '성숙'이란 걸 하지 않는다. 감정면에서 그들은 여전히 사내로 남아 있다. 또 여전히 사내 짓을 하는데, 중요한 차이는 나이가 들어 돈을 더 많이 벌고 권위 있는 지위에 올라가게 되면, 이제 그들은 더 통 큰 사내 짓을 할 수 있다는 것이다.

그들은 이제 무슨 일이 일어나는지 보려고 어쩌다 한두 번 실내변기를 지붕 꼭대기에서 떨어뜨려보는 것으로 만족할 필요가 없다. 왜냐하면 그들은 이제 공군이 보유한 폭탄을 가지고 놀 수 있기 때문이다.

이 점으로 말하면, 사내성을 기본적으로 유지하면서 늙어가는 사내의 멋진 예가 조지 부시이다. 당신도 그가 대통령으로서 하는 이야기들 모두에 동의하지는 않을 테지만,[1] 그가 한 명의 사내라는 점에는 확실히 동의할 것이다. 그는 비서와 대변인, 백악관 출입기자들과 수행원들, 정보부 요원들과 해안 경비대원들, 일단의 잠수부원들, 헬리콥터 비행대대들, 여러 척의 잠

1_이건 그가 한 번도 공식적으로 문장을 완성하지 않은 데 원인의 일부가 있다.

수함들로 이루어진 대부대의 대통령 측근들을 몽땅 대동하고 메인 주의 케니 벙크포트로 갔다. 오직 자신의 모터보터를 얼마나 빨리 몰 수 있는지 보기 위해서 말이다. 당신도 물을 가로지르며 질주하는 그의 모습을 텔레비전 뉴스에서 보았을 것이다. 장난감 트럭을 밀면서 입으로 부르르르르르릉 하는 모터 소리를 내는— 어린 남자아이들은 따로 배우지 않아도 본능적으로 이런 소리를 낼 수 있다—3살짜리 사내아이의 표정과 똑같은 표정을 한 미국 대통령의 모습을.

그를 쳐다보면서 당신도 그가 높아져가는 실업률이나, 자신이 제안한 연방예산안이나, 중동 문제 따위에 대해서는 전혀 생각하지 않고 있다는 걸 알았을 것이다. 사실 당신은 그가 뭘 생각하는지 알고 있었다. 왜냐하면 사내들이 모터 달린 탈것을 진짜로 빨리 몰 때면 으레 생각하는 바로 그것을 그도 생각하고 있었을 것이기에. 지구상에서 가장 힘센 나라의 가장 힘센 사람이자 자유세계의 지도자였던 조지 부시가 그때 생각하고 있던 건 **'부르르르르르르르릉'**이었다.

물론 모든 나이 든 사내들이 빨리 달리는 것으로 자신의 사내성을 표현하는 건 아니다. 그들 중 일부는 대형물체를 멀리 던지는 것으로 그렇게 한다. 내가 여기서 염두에 두고 있는 건 텍사스에 사는 두 사내, 리차드 클리포드라는 이름의 화가이자 예술가 한 명과 존 퀸시라는 이름의 치과의사 한 명이다. 어느 날 저녁, 그들은 맥주를 마시다가[2] 중세의 전쟁무기에 대해, 사내들이 자신의 속내를 열어보이고 함께 나눌 때 그러하듯이, 얘기를 나누게 되었다.

그들은 새총 비슷하지만 새총보다 훨씬 강력한 투석기(投石機)에 대해 특히 심도 깊은 이야기를 나누었는데, 중세 군대들이 바위 정도 되는 무거운 물체들을 적의 도시에 던지는 데 사용한 것이 이 투석기였다고 한다. 군인들은 이따금 죽은 말까지도 던졌는데, 당신도 상상이 가겠지만, 이건 정말로 부도덕하기 짝이 없는 짓이었다.

중세 남편: 여보! 석궁 판매 영역에서 내 중세적 의무를 다하고 이제야 집에 돌아왔소. 오늘 저녁은 뭐요?

중세 아내: 당신이 좋아하는 거요! 멋진 양고기……

우지끈 꽝!

(죽은 말이 천장을 뚫고 떨어져 구더기가 득실거리는 썩은 살점을 온 집안에 흩뿌린다.)

중세 남편: 여보, 사실 난 배 고프지 않아.

중세 아내: 어서 빨리 르네상스가 와야 할 텐데.

그래서 리차드 클리포드와 존 퀸시가 투석기를 제작하기로 작정한 건 사내였던 그들로서는 당연한 일이었다. 그리고 그냥 아무 투석기나 아닌 것 또한 그러했다. 그들의 목표는 세계 역

2_굳이 이 말을 해야 할지 모르겠지만……

사상 가장 큰 투석기를 제작하는 것이었다. 그들은 뷰익[3]을 200미터는 던질 수 있는—중세 군대는 꿈도 꾸지 못했을 업적이 아닌가[4] — 투석기를 제작하고 싶어했다.

플리포드와 퀸시는 이 문제에 대해 진지해서 지도적인 투석기 전문가와 상담하기 위해 영국까지 찾아가기도 했다. 그들은 시작품(試作品)인 소형 투석기를 제작하여 다양한 실험에 착수했는데, 그들은 이 소형 투석기를 볼링 공을 던지는 데 사용했다. 심지어 퀸시는 오로지 뷰익이 떨어질 자리를 만들기 위해 자기 집 옆에 2만4천 평의 토지를 구입하기까지 했다.

당신은 이들이 보기 드문 유별난 짝궁일 뿐이라고 생각할지 모르지만 사실 그렇지 않다. 이들과 비슷한 사내들은 얼마든지 있다. 내가 이들의 투석기 프로젝트에 관한 신문 칼럼을 썼을 때, 나는 전국 방방곡곡으로부터 편지를 받았다. 이 편지들 중에 여자가 보낸 것은 하나도 없었다. 그 모두가 어른 사내들에게서 온 것이었는데, 이것들은 하나같이 (a) 뷰익이 날아가는 것을 보거나 (b) 자신도 직접 투석기를 제작하는 데 강한 관심이 있음을 표명하는 상세하고 진지한 편지들이었다. 이런 편지들 중에서 이것이 하고 싶어하기에 유별난 일이라고 생각하는 기미는 전혀 찾아볼 수가 없었다. 그럴듯한 유용한 목적 없이 무거운 물체를 멀리 던질 수 있는 기구를 제작하고 싶어하는 건

3_미국 GM사가 생산하는 자동차—옮긴이

4_중세 군대가 꿈꾼 건 뷰익이 아니라 피아트 자동차를 던지는 투석기였다.

사내들인 그들에게 지극히 당연한 일인 듯이 보였다.

왜냐구? 사내들이 하는 짓이 이런 것이기 때문이다. 사내들은 아무리 나이가 들었더라도 뭔가를 던지고 싶어하고, 뭔가를 쏘고 싶어하며, 빨리 달리고 싶어하고, 뭔가를 터트리고 싶어하며, 뭔가를 쳐서 넘어뜨리고 싶어한다. 내가 이 책의 서문에서 지적했듯이 우리가 우주왕복선 프로그램을 갖고 있는 이유가 이것이다. NASA가 우리더러 믿게 하는 것에 상관없이 우주왕복선 프로그램의 목적은 인류더러 인간 지식의 한계를 넘어서도록 만드는 데 있는 게 아니다. 우리 인간들은 적대적이고 치명적이고 이질적인 환경에 익숙해지기 위해 지구를 떠날 필요가 없다. 우리에게는 이미 마이애미가 있다.

천만에, 우주왕복선 프로그램의 목적은 NASA의 사내들에게 부ㄹㄹㄹㄹㄹㄹㄹㄹㄹㄹㄹㄹㄹㄹㄹ ㅇㅇㅇㅇㅇㅇㅇㅇ하면서 가고 무거운 물체를 아주아주 멀리 던지는 초대형 로켓과 온갖 쌈빡한 기자재들을 제작할 변명거리를 주는 데 있다. 만일 납세자들이 NASA의 사내들더러 그 일에서 손을 떼라고 요구한다면, NASA의 사내들은 뷰익을 날려 달을 맞추기 위한 투석기 프로젝트에 착수할 것이다.

진짜 사내들은 나이에 관계없이, 또 그들이 지고 있다고 가정하는 주관적 책임의 정도에 관계없이 변함없이 사내들이다. 이런 주장이 믿기지 않는다면 스포츠 경기장에 나가보면 된다. 나는 마이애미에서 열린 〈마이애미 히트〉 팀과 〈애틀랜타 토드 엑스크리먼츠〉 팀(나는 절대 이 팀에 편견을 갖고 있지 않다) 간의 NBA 플레이오프전에 갔다오고 난 다음날 아침, 이 글을 쓰고 있다. 내 주위 관중들 대부분이 40대 이상의 사내들이었다. 말하자면 주식중개업자나 의사, 변호사, 왕자병을 앓고 있는 자칭 왕자들 같이 책임도 크고 하는 일도 많은 남플로리다의 직업들을 가진 남편과 아버지들이었던 것이다. 내 장담하지만 이 사내들은 자신들을 성숙하고 합리적인 인간으로 여길 터였다. 그리고 이들이 남자인 자신은 여자들보다 더 합리적이고 감정에 좌우되지 않는다고 자신하리란 것 역시 두말할 필요가 없다. 자기 아내가 애정 영화의 슬픈 장면을 보고 눈물을 흘리는 데 솔직히 약간 당황했다고 말할 그런 부류의 사람들이 이들이다. 어쨌든 그건 영화일 뿐이지 않는가, 거기에 대해 감정적일 이유는 전혀 없지 않은가라고 하면서.

이런 게 이 사내들이 당신에게 해줄 말이다. 당신이 그들에게 묻는다면 말이다. 하지만 농구 플레이오프전이 펼쳐지고 있는 동안 당신은 이런 걸 그들에게 물어서는 안 된다. 왜냐하면 그들은 농구 경기장 안에서 벌어지는 사건들에 합리적이고 논리적으로 대응하느라 무지 바쁘기 때문이다.

"세이캘리, 이 문디 같은 놈아!" 그들이 가리키는 건 〈마이애미 히트〉 팀의 센터 로니 세이캘리이다. "이 문디 같은 자식!" 확실히 하기 위해 그들은 한 번 더 덧붙인다. 세이캘리는 시합 종료가 2분도 채 안 남은 상태에서 이제 막 2점짜리 자유투를 놓치고 말았다. 그래서 그는 그 자리에 있던 중년 사내들 모두의 미움을 사고 있다. 이제 자리에서 박차고 일어난 그들의 몸은 분노로 부르르 떨리고, 격노한 그들의 검붉은 얼굴은 일그러져 있으며, 그들의 목에는 굵은 핏대가 뚜렷이 서 있다. 그들이 이 특정 순간에 로니 세이캘리를 미워하는 만큼 어느 누구를—히틀러를 포함해서— 미워해본 적은 절대로, 단 한 번도 없다. 물론 히틀러도 나쁜 놈이지만, 그래도 그는 플레이오프전에서 중요한 자유투를 놓치지는 않았다.

이 사람들은 로니 세이캘리를 죽이고 싶다. 이들은 그의 사지가 절단되고 그의 눈알이 쥐에게 먹히는 걸 보고 싶어한다. 이들은 그가 ……

잠깐만! 로니가 골대 맞고 튀어나온 공을 잡았다! 그가 공을 다시 던져올린다! 그게 붕 날더니…… 좋았어! 골인! 잘한다, 로니! 만세! 내 사랑 로니! 중년사내들은 로니 세이캘리를 사랑한다. 그들은 그의 입술에 키스하고 싶다. 그들은 스웨

덴에 있는 의료센터로 날아가서 로니의 아이를 가질 수 있는 특별수술을 받고 싶어한다. 그들은 자신들이 로니 세이캘리처럼 위대한 인간과 같은 행성에 사는 행운을 가졌다는 사실을 믿을 수가 없다. 그는 영웅이다. 그는 신이다. 그는……

그가 자기 수비상대를 막지 못했어! 그의 수비상대가 그를 제치고 공을 던져올리잖아! 젠장! 이 병신 같은 자식, 세이캘리! 이 × 같은 놈!! 이……

이제 당신도 내가 뭘 말하려는지 알 것이다. 사내들이란 건 나이가 들어도 이 책 전체에 걸쳐 논의되고 다음 도표에서 요약된 사내의 기본 사안들에 대해 여전히 깊숙이 관여한다.

사내들이 심히 관심을 보이는 사안들	**사내들이 별달리 관심을 보이지 않는 사안들**
플레이오프 전	플레이오프전과 특별히 관계가 없는 경우의 지구온난화 현상
뒤차가 자기 차를 바짝 뒤따르고 있는지 어떤지	자기 차가 앞차를 바짝 뒤쫓고 있는지 어떤지
1962년 월드시리즈 우승팀	세탁물을 바닥에 떨어뜨리고 난 후 세탁물의 변화
먹는 것	요리하는 것
섹스	자신이 섹스를 나눈 그 특정 인물

이런 것들이 몇백만 년 동안 계속해서 사내들이 지녀온 핵심적 가치들이다. 그럼 미래에는 어떨까? 아마도 투석기 관련 부상 때문일 테지만 어쨌든 지금 세대의 사내들이 모두 사라지고 나면? 내가 우리 아들과 서로의 마음을 연 심층 대담을 하지 않을 수 없었던 게 이런 의문에서였다.

"로비야, 인류의 미래에 중요한 문제를 놓고 너와 이야기를 좀 나눠야겠구나."

"나중에요. 지금 트레이와 난 골프공을 불 위에 올려놓았거든요."

보다시피 사내성의 미래는 밝아보인다. 만일 당신이 더 많은 증거를 필요로 한다면, 내 친구 캐시 골드마크가 내게 이야기해 준 다음 일화도 보탬이 될 것이다. 그녀는 이틀을 마이애미 호텔에서 묵게 되었는데, 그 호텔의 한 직원에게서 크게 도움을 받았다. 그래서 집에 돌아온 캐시는 호텔 지배인에게 그 직원을 칭찬하는 편지를 보내기로 마음먹었다. 그런데 그녀는 다 쓴 편지를 타자기에서 빼내지 않고 다음날 아침까지 그냥 두었다고 한다. 다음 날 아침, 그녀는 서둘러 그 편지를 빼내 서명을 한 다음 봉투에 집어넣기 위해 그것을 접기 시작했다. 그런데 그 순간, 그녀가 한번도 만난 적이 없는 그 호텔 지배인에게 보내려던 이 점잖은 편지의 끝머리에 그녀의 아홉 살 난 아들 토니가 산뜻하게 타이핑한 다음 글귀가 그녀의 눈에 들어왔다.

추신. 방귀 뀌는 것도 잊지 말고요.

이 사건은 나로 하여금 이중적인 감정에 시달리게 했는데, 한편에서 나는 캐시가 결국 그 편지를 부치지 않았다는 점에서 깊은 유감과 애석함을 느꼈다. 하지만 동시에 토니 같은 어린 사내들이 있어 우리 나이 든 사내들이 언젠가 천국 주최 맥주 파티로 자리를 옮겼을 때 존재할 공백을 채우리란 걸 알고 깊은 안도감을 느꼈다.

현실을 직시할 때, 인류는 사내를 필요로 하기 때문이다. 이따금 우리 사내들이 당신네 사내 아닌 사람들에게 지겨운 존재일 수 있다는 건 나도 알지만, 우리가 없으면 세상이 어떨지 한번 생각해보라. 아 물론, 냄새 문제는 훨씬 개선될 것이다. 또 폭력과 옹졸함과 공공연한 가래 뱉기도 엄청나게 줄어들 것이다. 하지만 이런 부정적 요소들은 사내들이 사회에 베푸는 그 무수한 기여들—긍정적 기여들, 필수적인 기여들, 내가 이 자리에서 그것들이 뭔지 생각해내지 못한다고 해서 절대 줄어들지 않을 기여들—에 비하면 정말 새발의 피다.

상관없다. 어쨌거나 사내와 사내성은 세상에 존재하는 거니까. 그리고 비록 이 책의 어조가 다소 경박한 감이 있다 하더라도 나는 정말 진심으로 내가 이 책에서 행한 노력이 사내와 다른 성의 사람들 간의 이해 수준을 조금이라도 높이는 데 기여하기를 바란다는 말로 끝을 맺고 싶다. 그래서 언젠가 우리 모두가 함께 공존해야 하는 이 유약하고 문제 많은 세상이 진실로 더 살기 좋은 세상이 되어 어쩌고 저쩌고 어쩌고 저쩌고, 추신. 방귀 뀌는 것도 잊지 말 것.